倉吉本

Contents

Kurayoshi Complete Guide

※本書に掲載した情報は2023年10月現在のものであり、
料金や各種データは変更になることがあります。
※新型コロナウイルスの感染拡大防止のため、
営業時間、定休日、営業形態などが変更になる場合があります。
※商品・メニューの価格表示は、特別な記載がない限りすべて税込です。

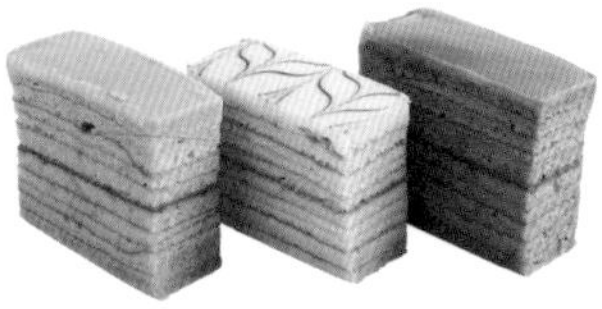

倉吉の教科書

あなたは地元のこと、どれだけ知っていますか？
人口から市の形、倉吉自慢のトピックスまで、知っておきたい基本情報をおさらい。
改めて倉吉のことを学び直そう。

協力＝倉吉市　写真＝倉吉市／一般社団法人倉吉観光ＭＩＣＥ協会／齋藤ジン／野口佑一　文＝延本美里

人口:44,366人
（2023年9月末現在）
面積:272.1㎢
市の花:つつじ
市の木:つばき
市の鳥:メジロ

豊かな自然環境と美しい景観に恵まれた町

鳥取県中部に位置する、倉吉市。中心市街は打吹山のふもとで、天神川と支流の小鴨川が合流するあたりに形成されている。市内には国の重要伝統的建造物群保存地区として指定されている打吹玉川地区をはじめ、江戸時代末期から昭和初期までに建てられた家屋や土蔵が多く残り、レトロな佇まいが趣のある、白壁土蔵の町としてよく知られている。市の南部には関金温泉があり、周囲は三朝、はわい、東郷の温泉地に囲まれているのも特徴のひとつ。また、豊かな自然環境も自慢で、さくらの名所１００選」に選ばれた打吹公園や、星空保全地域に指定されている関金エリアの星空など、四季折々の美しい景色を楽しめる。倉吉の地名は「暮らしよし」の言葉からできたという説があるが、実際に毎年「住み良さランキング」全国総合上位にランクインしている。

©倉吉市

倉吉市
イメージキャラクター
くらすけくん

倉吉のココがスゴイ!

topic 1

国の重要伝統的建造物群保存地区に選定された倉吉白壁土蔵

玉川沿いの白壁と赤い石州瓦の蔵が風情のある景観を創り出す、倉吉白壁土蔵群。江戸・明治期の建造物が多く、国の重要伝統的建造物群保存地区に選定、観光地としても人気

topic 2

“日本一美しい”と称される廃線跡、旧国鉄倉吉線跡がある

かつて倉吉駅から関金の山守駅までを結んでいた「国鉄倉吉線」。いまでも残るレールやホーム跡は幻想的な景色を生み出し、日本一美しいと称される廃線跡として人々が訪れる

topic

3 フィギュア製造の国内シェアNO1! 世界的に知られているメーカー『グッドスマイルカンパニー』の国内唯一の工場拠点がある

フィギュア製造の国内シェアNO.1であり、世界的にもその技術が高く評価されている『グッドスマイルカンパニー』は、国内唯一の生産拠点をここ倉吉市に設置している。2014年の工場設立以来、「フィギュアのまち」としての倉吉市のPRに貢献してきた。さらに2025年春には第2工場を新設する予定だ。

topic

5 天女伝説が残り、森林浴の森100選にも選定された「打吹山」

打吹山は天女伝説において、母親である天女が天に帰ってしまったあと、子どもたちが母親を呼んだ山とされている。地球環境財団の「森林浴の森100選」にも選定された

topic

4 日本の名湯100選に選ばれた古湯“関金温泉”

約1300年前に開かれた古湯。無色透明・無味無臭で、神経痛などによいとされるラジウム温泉。温泉療法医がすすめる温泉として「日本の名湯100選」に選定された

topic

7 「住みよさランキング」全国総合上位の常連

東洋経済新報社が毎年発表する、安心度や利便度によって選ばれる「住みよさランキング2023」で、全国812市区の中で総合評価第8位。倉吉市は毎年ランキング上位を誇る

topic

6 『南総里見八犬伝』のモデルが葬られている

『南総里見八犬伝』のモデルとされる、房州館山十代城主・里見忠義と、近臣の8人が遺言によりこの倉吉の地で葬られ、現代でも位牌とともに大岳院に祀られている

「ひとを育て、まちを育てる、くらしよし倉吉プロジェクト」で倉吉はどう変わっていく？

「自分たちが暮らす街を見直して本来の魅力を再発見してほしい」と情熱を燃やす二人。倉吉はどう変わろうとしているのか、聞きました。

写真＝齋藤ジン　文＝水野さちえ

「倉吉なんて」と話す、市民の自信を取り戻したい

約20年ぶりに家業の酒問屋を継ぐためUターンした深谷晋一さんは、「街が以前より寂しくなっている」と感じた。「昔あった商業施設がなくなっていたり、出身高校が定員割れになっていたり。何より、地元の方々が自信を失っているように見えました」。祭りやイベントを通じて、地元を盛り上げようとする動きもある。でも肝心の地元の人たちはどこか内向き。「倉吉なんて、大したことない」と。

深谷さんは「人々は地元の本来の魅力に気づいていない」との想いを強くした。あるとき、それを

Point.1 ///////////////

「iVision Session」が生んだ熱量

倉吉で2022年に開催された第１回は、倉吉市民が10名、市外から９名が参加。心も身体も満たされている状態（ウェルビーイング）を目指すため、自分の言動を見直すワークショップを行う。その上で、地元の課題解決に向けたアイデアが話し合われた。ここでの案が後の施策につながった。

市役所本庁舎の西階段ロビーにて。北栄町出身の岸田日出刀氏と、門下生の丹下健三氏が共同設計した本庁舎は国の登録有形文化財だ

Profile
倉吉市総務部企画課
美術館まちづくり推進室
室長
木藤隆親さん

福岡県福津市生まれ。進学先の島根で倉吉出身の妻と出会い、倉吉市役所に就職。「人生で最も長く暮らす地が倉吉に。日常会話も倉吉弁です」

Profile
株式会社フカヤ
代表取締役社長
深谷晋一さん

倉吉市生まれ。倉吉東高校を卒業後に神奈川で進学・就職し、石油化学プラントの設計に携わる。2019年に家業の酒問屋を継ぐためUターン。

以前からの知り合いである、小田急電鉄・阪川尚さんに打ち明ける。阪川さんは小田急電鉄で、人のモチベーションを上げるワークショップを通じ、企業や団体等の組織の活性化につなげる取組みを行っていた。２人は意気投合し、「このワークショップは、倉吉市のまちづくりにも応用できるのでは」と話が進む。

提案は倉吉市役所の木藤隆親さんの元に持ち込まれた。しかし、初めて深谷さんらの提案を聞いたとき、木藤さんは「上手くいくわけがない」と感じたという。〝東京の電鉄会社が、人を育てるプロジェクトを行う〟ことに当然ながら疑問も抱いた。また、これまでも市では有志を集め、街を盛り上げるアイデアを出す企画を実施していた。しかし、その場では案が出て盛り上がるものの、結局は実現する人がいなく、実を結ばなかったのだ。ところが半信半疑で木藤さんが小田急電鉄のプログラム「iVision Session」の様子を見たとき、考えは一変する。

「セッションが進むほど、参加者の顔つきがポジティブに変わるのを目の当たりにしました。最初は内向きだった人が、やがて本当に生き生きとしてきて、倉吉の未来を変えようと真剣に考え始める。これなら〝実際に行動する人が育つ〟と、確かな希望を抱いたのです」

こうして倉吉市と小田急電鉄が共同で行う「ひとを育て、まちを育てる、くらしよし倉吉プロジェクト」が発足。前述の「iVision Session」を通じて人を育てつつ、倉吉の魅力を再発見するコミュニティ「ばえラボ」や、WEBサイト「バーチャル倉吉」などデジタル産業の育成も進める。２０２５年の県立美術館のオープンをきっかけに県外からの注目も集まるはず。そこに向けて、動きを加速させている。

木藤さんはこう話す。

「一人でも多くの倉吉の皆さんと一緒に、街の未来をつくりたい。倉吉には豊かな歴史もあれば、食も美味しく、人は温かい。それにもっと誇りを持っていいと思うんです」

〝倉吉には魅力がたくさんある。それに自信をもっていいと思うんです〟

完成予定図　提供：横総合計画事務所　イメージ制作：ヴィック Vicc Ltd.

Point.2 ///////////////

2025年オープン予定の鳥取県立美術館を起爆剤に

「未来を『つくる』美術館」をコンセプトに、倉吉パークスクエアの一角に建設中。鳥取県立博物館の美術部門のコレクションや活動を引き継ぎながら、ワークショップルームを新設したり、「アートを通じた学び」を支えるアート・ラーニング・ラボ（A.L.L.）などの教育普及部門を充実させたりと、地域に根ざした美術館を目指している。「全国でほぼ最後の県立美術館」という話題性から、県外からの訪問も多数見込まれる。

人生のおよそ半々を、倉吉の中と外で暮らした２人。あふれる倉吉愛を隠そうとしないのが印象的

Point.3 ///////////////

「ばえラボ」で面白い取り組みを増やす

「ばえラボ（ばえる倉吉研究所）」は、高校生・大学生・専門学校生・15～49歳の社会人による倉吉の魅力の発信拠点。CM制作やアクションプランづくりを通じて、思いきり「ばえる（倉吉弁で「暴れる」「騒ぐ」の意）」取組みを増やしていく。

「ラボパーク」がOPEN!
倉吉を盛り上げたい人
大募集です!

詳しくはコチラ

倉吉周辺4町の教科書

倉吉市に隣接する4つの町、琴浦町、北栄町、三朝町、湯梨浜町。それぞれの町が誇る特産物やおすすめスポットなどを解説します！

画像・情報提供＝琴浦町役場 商工観光課／北栄町役場 観光交流課／三朝町役場 企画健康課企画情報係／湯梨浜町役場 産業振興課／鳥取東伯ミート株式会社
文＝高橋さくら

【湯梨浜町《ゆりはまちょう》】

人口：16,394人（2023年8月31日）
面積：77.93㎢　町の花：トウテイラン

湯梨浜町
天女キャラクター
ゆりりん

topic 1 歴史ある甘みたっぷりの梨は手間暇かけて努力の結晶

梨栽培100年の歴史を持つ「東郷二十世紀梨」は、食べた瞬間にあふれ出す果汁と、後を引く爽やかな酸味が特徴だ。コクのある甘さが引き出された調和のとれた味だと評判で、湯梨浜町の果物の王様といえる。

台風などの災害に耐えながら、美味しい梨を完成させるために、徹底した栽培管理が必要

topic 2 湖を一望できる自然あふれる温泉で疲れを癒そう

その昔、東郷湖に船を浮かべて湖中から湧き出る温泉を利用したという、『はわい温泉・東郷温泉』。風光明媚な湖畔の風景に溶け込むように湖上に浮かぶ温泉街は、幻想的で散策にもぴったりだ。

東郷湖を眺めながら、温泉に浸る季節で色を変える景観に心も身体も癒される

【三朝町《みささちょう》】

人口：5,980人（2023年8月31日）
面積：233.52㎢　町の花：ホンシャクナゲ

三朝温泉マスコット
キャラクター ミササラドン

topic 1 世界に誇る名湯と人気の温泉街

「三朝温泉は三回朝を迎えると元気になる」ことが名前の由来ともいわれ、世界屈指のラドン含有量を誇る。微量の放射能を受けることで細胞が活性化し、新陳代謝を高めるといわれている。

川の流れを眺めながら入浴できる、人気の『河原風呂』。温泉街は三徳川に沿って形成される

topic 2 間近で見たい神秘的なお寺

標高約900mの三徳山。その中腹にある投入堂は、絶壁の窪みに建てられた建造物で国宝に指定されている。間近で見るには険しい山道を登らなければならないが、ふもとの遥拝所からも眺めることができる。

投入堂には、修験道の開祖「役小角（えんのおづぬ）」が法力で投げ入れたことから、その名がついたといわれている

鳥取中部を盛り上げる、魅力あふれる4町

鳥取県中部に位置し、のどかながら魅力あるスポットが並ぶ倉吉市。その近隣には湯梨浜町、三朝町、北栄町、琴浦町の4つの町が隣接している。山や川、湖など豊かな自然で楽しむレジャーや、歴史ある建造物や街並み、ものづくりや特産物の栽培などに力を入れ、昔からの文化継承に励む人やスポットと出合える。ほかにも日々の疲れを癒す有名温泉街など、県外はもちろん地元の人も楽しめる場所が豊富だ。倉吉市と一緒に地域を盛り上げる近隣の町について、改めてその魅力を見てみることにしよう。電車やバスを使って変わりゆく街並みを眺めつつ、のんびりした時間を楽しみながら少し足を延ばしてみれば、きっとまた来たくなる素敵な場所がいっぱいだ。

【北栄町《ほくえいちょう》】

人口:14,399人(2023年9月1日)
面積:56.92㎢　町の花:ハマヒルガオ

大栄西瓜
マスコット
キャラクター
夏味ちゃん

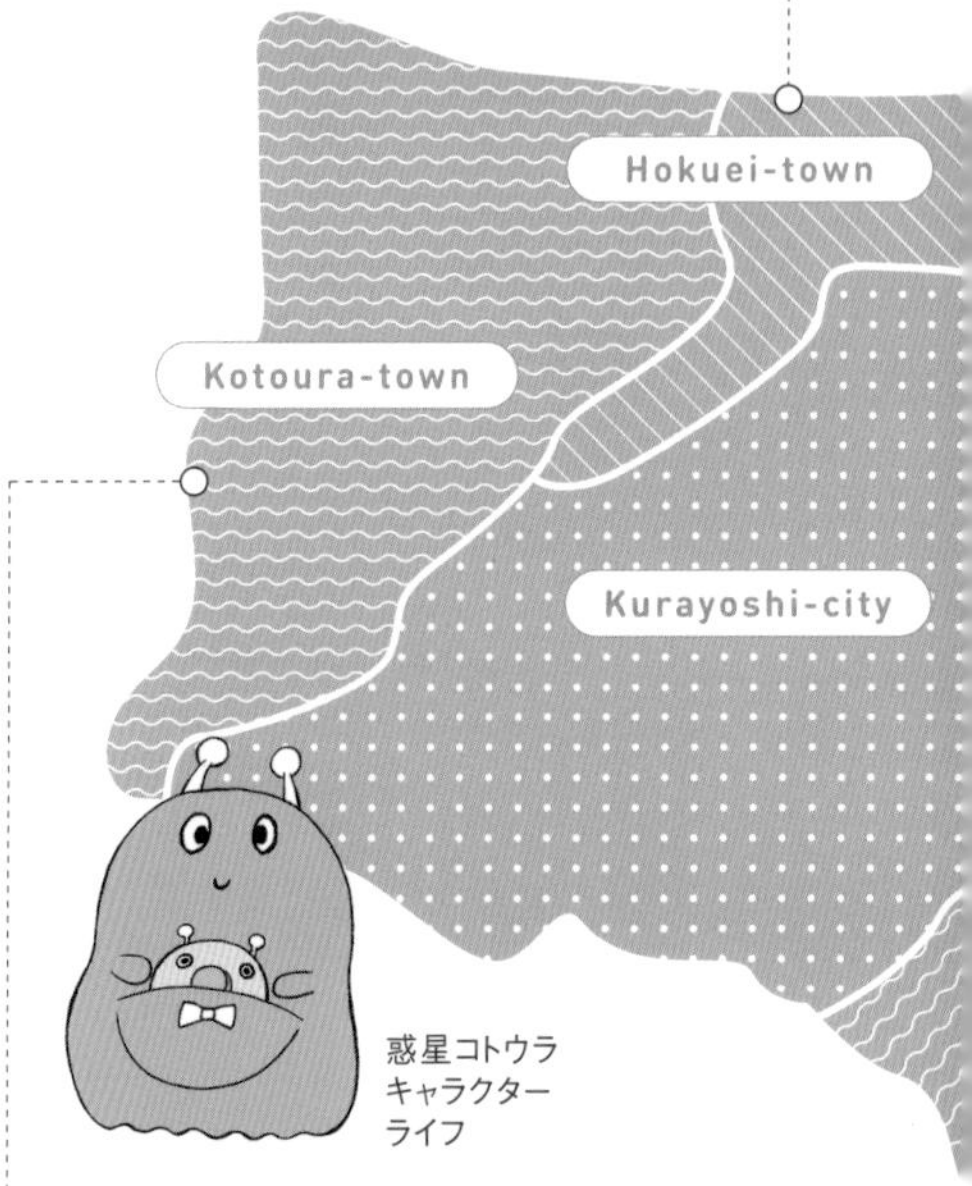

惑星コトウラ
キャラクター
ライフ

topic 1 全国からファンが買い求める高品質のスイカ

西日本有数のスイカの産地、北栄町。栽培100以上の歴史あるスイカで、2019年には、国が地域の伝統的な特産物を知的財産として守っていく制度、「地理的表示(GI)保護制度」に登録されている。

果実の中心部と皮ぎわの糖度差が少なく、品質が良いスイカ。食感の良さも好評だ

topic 2 当時の様子が目に浮かぶ、鳥取藩内の台場跡

幕末に鳥取藩内に築かれた台場跡である『国史跡由良台場』は、海岸防備のため、鳥取藩で最初に築造されたフランス式の砲台場だ。規模の大きさと、当時の原形をほぼ完全に保っている点は日本唯一だという。

由良台場では、3月には芝焼きを行っており、北栄町の春の風物詩となっている

【琴浦町《ことうらちょう》】

人口:16,219人(2023年8月31日)
面積:139.97㎢　町の花:桜

topic 1 大切に育てた東伯牛は旨味たっぷり

「東伯牛」の飼育前期は、健康に育つために牧草やワラなどを与え、中期以降は甘さを加えるため濃厚飼料を増やし、旨味たっぷりの肉に仕上げる。焼いたときの香りがよく、重たくない脂の甘みがあると好評だ。

飼料や飼育方法が明らかで、良い環境下で育てられた牛は、琴浦町自慢の特産物

topic 2 迫力満点!ダイナミックな二段滝

平成2年に「日本の滝百選」に選ばれた『大山滝』は落差約40mも二段滝。轟音響くマイナスイオンたっぷりの滝を、思う存分楽しめる。『大山滝』に向かう途中にある、長さ45mのつり橋もハイキングに人気。

季節ごとに紅葉や水遊びなど、様々な遊びができる。ロープ伝いの滝つぼ下りもおすすめ

倉吉LOVERS

倉吉のスターといえば伯桜鵬関！幼少期を倉吉で過ごした、市民に愛される力士だ。彼の思い出スポットを紹介します。

写真＝長谷川祐也／深澤慎平／宮本信義　文＝高橋さくら／福井晶

倉吉出身力士「令和の怪物」

伯桜鵬哲也さん

profile

小学校までの幼少期を倉吉で過ごし、宮城野部屋に所属する西前頭9枚目（最高位）の力士。史上初の幕下付出から所要1場所で新十両へと昇進し、華々しい結果を残す。得意技は突き、押し、左四つ、寄り。座右の銘は「人間万事塞翁が馬」。平成15 年生まれの20歳で、本名は落合哲也。市民からは「てっちゃん」の愛称で親しまれる。

伯桜鵬のお気に入りスポット
①

倉吉市営相撲広場

昭和53年から続く「桜ずもう」が開催されるここは、琴東伯や琴大栄を生み出した土俵。伯桜鵬もその一人で、「初めて立った土俵だったので思い出深い」と話す。ここで小学校4年生の時に優勝すると、翌年に全国大会へ出場し、相撲の世界に足を踏み入れるきっかけになった。丁寧に整えられた土俵で、また新しい力士が生まれるかもしれない。

Data
くらよししえいすもうひろば
所 倉吉市葵町591-1 倉吉スポーツセンター
☎ 0858-22-5674
営 8:30 ～ 22:00
URL https://shisetsu.mizuno.jp/m-7406/guide
MAP：P111 C-4

上）今年で45回目の開催を迎える「桜ずもう」。土俵は当時から一度も造り替えていない。左）約16年間、土俵の整備や管理を行う坂田さん。「大切に守ってきた土俵から力士が生まれるのは嬉しい」と話す

伯桜鵬のお気に入りスポット
②

琴櫻記念館

倉吉市出身の第53代目横綱・琴櫻。再起不能といわれるほどのケガを負いながら、復帰後は「猛牛」と呼ばれるほどの成績を残し、横綱へと昇進した地元のヒーローだ。こちらの記念館では、琴櫻関の入門から逝去までのストーリーや、化粧まわしの織りや刺繍の美しさ、琴櫻の手形の大きさなど、相撲好きならずとも楽しめる琴櫻のヒストリーがある。当時の写真や琴櫻の使用していた浴衣なども揃っているので、コアなファンもディープに浸れるだけでなく、地元出身力士、わんぱく相撲の様子などの展示もあり、最近の倉吉の相撲事情まで知ることができる。地元から生まれた横綱として、いまの伯桜鵬関にも影響を与えている存在だ。

2

1

2

1）初優勝と連続優勝の「優勝額」。白黒写真に絵の具を指で塗る独特の技法を採用していた当時の貴重な資料だ。2）琴櫻が横綱に昇進した際に最初に贈られた「三揃いの化粧まわし」。横綱自身が身につける化粧まわしには、倉吉を象徴する打吹山が堂々と描かれている。3）立ち会いで強烈に身体をぶつけ合い、喉輪や押し出しを得意とした琴櫻。記念館入り口にある迫力満点の「琴櫻像」は、当時の勢いをそのままに表現している

記念館からすぐの観光案内所近くにある琴櫻の銅像・記念碑は、等身大の土俵入りの姿で作られた。向かいは観光駐車場なので、記念館の前に訪れるのもおすすめ

Data
ことざくらきねんかん

所 倉吉市魚町2518
☎ 0858-22-4608
営 9:00～17:00
休 水曜、年末年始
料 無料
URL https://kotozakura-kinenkan.com/
MAP：P111 C-3

伯桜鵬のお気に入りスポット
③

成徳小学校

相撲にハマり、力士を目指そうと伯桜鵬が思ったのは、母校の『成徳小学校』に通っていた頃。「運動神経も良くて、とにかく気の優しい友達想いの子でした」と語るのは、当時は教務主任を務めていた校長の山名毅先生。重い荷物を持っているとすすんで手伝ってくれたという。校舎の至る所に飾られている伯桜鵬は、学校の宝で児童たちのスターだ。

1

Data
せいとくしょうがっこう

所 倉吉市仲ノ町733
☎ 0858-22-6173
URL https://sites.google.com/g.torikyo.ed.jp/seitoku-e
MAP：P111 C-3

1）伯桜鵬の成績や新聞の切り抜きが貼られた廊下。2）児童たちが過ごす教室。いまの校舎は、伯桜鵬が卒業した後に新築されたもの。3）新校舎の洋風な外観

2

右）校長室のたくさんの伯桜鵬グッズ。左）20歳の誕生日にメールを送ったという山名校長。「おかげさまで20歳になりました」とうれしい返事があった

3

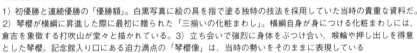

倉吉

地元の食材を使った自慢の美食に
職人たちの技が光る伝統工芸品、魅力的な人々。
そして、語り継がれるべき歴史に美しい自然と
倉吉には、誇れるものが盛りだくさん……。
知らなかった地元の魅力が、こんなにありました!
ページをめくって、倉吉の新たな一面を見つけてください。
読めば、もっとこの街が好きになること間違いなし!

Best of

近所の養殖場で仕入れたニジマスを使った「ニジマスのアーモンド風味」。ランチとディナーでいただける「サテンドールおすすめ（1,800円）」の一例

倉吉界隈 屈指の名店

大山山麓の肥沃な土壌で作られる農産物をはじめ、日本海の海産物や鳥取和牛など、食材に恵まれた倉吉。多彩な地元食材を生かした料理を提供する様々なジャンルの名店を紹介しよう。

写真＝辻 嵩裕　文＝野口ひとみ

屈指の名店 1 | 10

森閑とした里山で、ソースに命を賭した本物の欧風料理を味わう。

Satin doll

Area 倉吉

Data
サテンドール
所 倉吉市関金町堀1748-2
☎ 0858-45-1603
営 11:30 ～ 14:30（L.O.13:30）、18:00 ～ 21:00（L.O.20:00）
※ランチは予約優先、ディナーは完全予約制
休 月曜（祝日の場合は営業、翌火曜休み）
MAP：P108 A-2

一切手間を省かないのは自然な美味しさのため

山々に囲まれた自然豊かな関金町の県道45号線沿いを走っていると、何やら味のあるレトロな建物が見えてくる。元々は町の診療所だったこの場所で営業しているのが、欧風料理店『サテンドール』だ。

シェフの森本敏彦さんは、鳥取市出身。昭和62年に鳥取市内の田園町に店をオープンし、その後「山の中で店をやりたい」と、平成20年にこの地に移転した。喫茶店やレストランでの修業時代は、昔ながらの厳しい職場で、料理を教えてもらうことはなかった。そのため、厨房にある調味料の減り具合を見てレシピを覚えたり、仲間と解散した後に厨房に戻り、一人で練習したりと、意欲的に料理を学んだという。そんな敏彦さんが大事にするのは、手間を惜しまない手作りの味。フォン（出汁）やソース、ドレッシングまですべて一から手作りで、食材は業者からは仕入れず、漁場や直売所に出向いて自分の目で見極める。

スペシャリテは「鳥取牛肉の赤ワイン煮」。店自慢のデミグラスソースは、焼いた牛スジと玉ネギ、トマト、セロリなどの野菜とローレルを6~8時間煮込んだフォンをベースに、2週間かけて作る。関金で育った鳥取和牛を、デミグラスソース、店オリジナルの赤ワインとたっぷりの野菜で4~5時間ほど煮込んだら出来上がり。芳醇な香りと旨味が何層にも折り重なって、幸福感に包まれる。

自然に囲まれる中で、素材を生かした丁寧な料理をいただく。そんな、真に贅沢な時間がここにはある。

元々診療所として使われていた建物。物件を探していた時、窓越しの自然を見てひと目で気に入ったのだとか

2

1

1）創業当時からの名物「鳥取牛肉の赤ワイン煮」は「シェフのおすすめ（3,800円）」のメイン料理。2）バターとオリーブオイルでソテーし、白ワインでフランベしたイトヨリに、オリーブオイル、レモン汁、塩コショウ、ニンニクで作ったソースと庭のハーブを散らした「イトヨリのソテー」。3）フランス政府公認の「天使のエビ」を使った「エビのソースアメリカン」。オマールエビの頭や野菜でとった出汁と生クリームを合わせた濃厚ソースも絶品。※写真2・3はコース料理（5,000円、6,000円、8,500円）の一例。4）「化学調味料は一切使ってないから、自然の味がするでしょ」と敏彦さん

3

4

上）2週間以上かけて丁寧に仕込んだデミグラスソース、赤ワイン、たっぷりの野菜で煮込む「鳥取牛肉の赤ワイン煮」。下）店内にはちょっとしたステージがあり、かつては人気ミュージシャンもライブをしていたとか。運が良ければ、シェフが誕生日ソングを演奏してくれるかも!?

勉強熱心で何事にも好奇心旺盛な敏彦さんと、二人三脚で店を切り盛りしてきた奥様の重子さん。調理場での両者の連携はお見事！ 料理からも二人の温かな人柄が伝わってくるようだ

右）タラのすり身に枝豆、キクラゲ、ニンジンを混ぜて蒸し上げた「萩しんじょと松茸のお碗」。左）地物のノドグロを味噌に半日漬け込んで串に刺し、強火の遠火でじっくりと焼いた幽庵焼き

屈指の名店 **2** | 10

あき山

Area 倉吉

Data
あきやま
所 倉吉市余戸谷町3030-2
☎ 0858-24-6032
営 予約により変動（完全予約制）
休 不定休
MAP：P111 A-4

名工の器が彩る 洗練された料理の数々

木製の丸皿に美しく盛られた八寸。揚げたそうめんを毬に見立てた毬栗、秋茗荷の酢の物、新物の北海道産イクラなど、厳選された食材によって秋の訪れが伝わってくる。

「季節を少し先取りして、お客様に四季を感じていただけるように心がけています」と話すのは、店主の秋山茂雄さん。18歳から14年間、大阪・北新地の名店『かが万』で修業を積んだ後、「地元の方々に愛されるお店をつくりたい」と『あき山』を開店した。築１００年ほどの古民家を改装した店内からは日本庭園を楽しめて、お祝いや食事会での利用も多い。駅から遠い場所に店を構えたのは「わざわざ足を運んでもらえる店にするため」という想いから。また、余戸谷町は鉢屋川の上流に位置し、地下水源が豊富で水質も良いため、日本料理を表現するのに適した立地なのだという。

料理は３種のコース（１１０００円、１３２００円、１６５００円）のみ。この日のお造りは、赤碕漁港で揚がったモミジダイと、境港の迷いガツオ。迷いガツオとは、本来黒潮に乗って北上するカツオの群れの一部が対馬海峡に入り、萩、島根、佐渡へと北上することから付けられた名。ほど良い脂がのったカツオは辛子醤油がよく合う。

季節によって異なる器もまた、楽しみのひとつで、「秋は菊の花や葉をモチーフにしたものを使うことが多いですね」と教えてくれたのは、女将のりえさん。萩しんじょうのお椀は、萩の柄の双蒔絵が入った輪島塗で、その美しさに見入ってしまう。

食材、器、庭園など、料理を取り巻くすべてから、移ろう四季を感じ取る。その瞬間こそが、『あき山』の醍醐味なのだ。

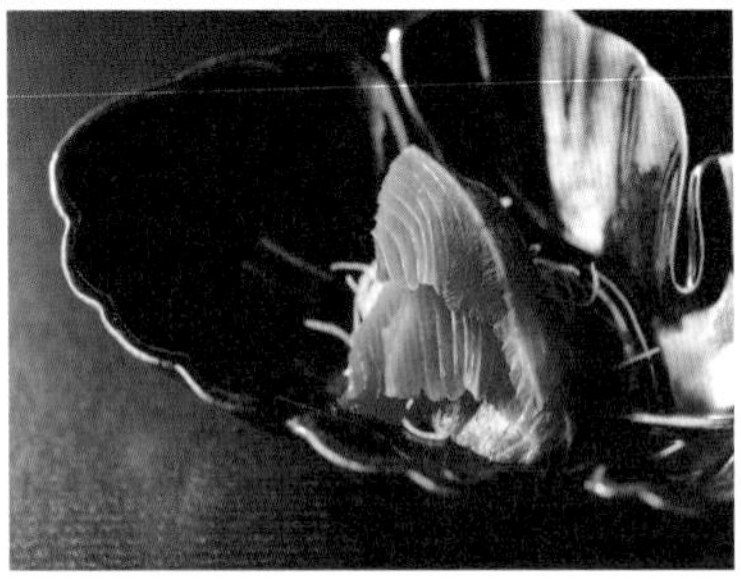

上）赤碕漁港で揚がったモミジダイのお造り。昆布酢とパキスタンの天然岩塩でさっぱりといただく。料理はすべて16,500円のコースの一部。下）境港の迷いガツオは冷たい日本海で身が締まり、旨味が凝縮されている。菊の葉皿は江戸時代に活躍した京焼の陶芸家・永樂了全の作品

2014年に開店した『あき山』は、2019年にミシュランーツ星を獲得。いままで特に表立った宣伝はせず、クチコミでその評判が広まっていった

1）季節によって変わる掛け軸などの美術品が目を楽しませる。2）父親が寿司職人で、幼い頃から料理をするのが好きだったという茂雄さん。いまでも勉強のために全国各地の名店や市場に足を運んでいるという。3）『かが万』で出会ったという、息ぴったりのお二人

3

2

1

秋らしいあしらいが食欲をそそる「本日の八寸」。タラのすり身に揚げたそうめんを挿した毬栗、秋茗荷の酢の物、クエの煮凝り、新サツマイモ、ミョウガ、イクラ、アユの甘露煮、銀杏の素揚げで構成

清らかな水と四季の移ろい。『あき山』の料理には日本の美徳が投影されている。

Data

そばしゅぼう つなぎや

所 倉吉市上井262-7

☎ 0858-24-5114

営 11:30～14:30（L.O.14:00）、18:00～23:00（L.O.22:00）

休 月・火曜

MAP：P109 A-3

屈指の名店 3 | 10

低温で超・長時間をかけて煮詰めていくつゆが鮮烈な蕎麦と高め合う。

蕎麦酒房 つなぎや

Area 倉吉

風味を生かすため、蕎麦粉は殻付きのまま挽いたものと、殻を取ってから挽いたものを2種類ブレンドしている。細めの麺で喉越しがいい

右）その日の蕎麦の仕上がりによって、茹で時間が微妙に変わる。左）雰囲気のいい小上がりのカウンター。蕎麦の香りは繊細ゆえ、マナーとして香水や柔軟剤などの匂いを店内に持ち込まないように気をつけたい

上）蕎麦打ちは師匠の教えをベースに、本や動画などで学んでアレンジしている。下）茹でる前の蕎麦へのストレスを減らすため、切った直後に一本ずつ目視しながら太さが違うものを選り分ける

豊富な蕎麦前で楽しむ “蕎麦呑み”がおすすめ

真剣な眼差しで蕎麦を打つ姿が印象的な店主、遠藤未里さん。実は、以前は蕎麦が嫌いだったというが、米子にある名店の蕎麦に感銘を受け、縁あって日南町の蕎麦屋で働くことに。21歳の時に蕎麦職人への道を歩み始め、27歳で独立した。倉吉に店を構えた理由を、「蕎麦屋が少ない中部の蕎麦文化を盛り上げたいから」と未里さんは語る。当時、倉吉で蕎麦といえば自宅で食べる「かけ」が主流で、他の地域に比べると蕎麦屋は少なかった。そこで、蕎麦粉の魅力を伝えるため、あえて温かいかけ蕎麦を出さない、ざる蕎麦専門の店を作ったのだという。

未里さんの一日は蕎麦打ちから始まる。蕎麦粉は、産地や挽き具合を製粉業者と相談しながら仕入れている。この日は福井県大野市の在来種で、小粒ながら風味の豊かさが特徴だ。蕎麦つゆは、未里さんが惚れ込んだという広島・大崎上島の醤油とみりん、酒、ザラメなどでかえしを作って2週間寝かせ、出汁は昆布やアゴ節などを前日から水に浸して2時間煮詰め、かえしと合わせる。

「普通はこれで完成なのですが、うちではさらに、それを湯煎で2〜3日じわじわ煮詰めます」。そうすることで旨味がより凝縮された、蕎麦の風味に負けないつゆが出来上がるのだという。

提供する蕎麦は、九割と粗挽き（二八）の2種類。ランチではご飯ものが一緒になったセットも選べるが、夜は蕎麦呑み用のメニューとなる。蕎麦屋ならではの一品料理でお酒を楽しんだ後の〆蕎麦は一層旨い。この蕎麦呑みスタイルの定着も、未里さんの目標なのだとか。倉吉の蕎麦文化を牽引する若き店主の活躍に今後も目が離せない。

1

1）粗挽きの蕎麦を太めに切った「そば刺し（780円）」。蕎麦の風味や味を存分に楽しめる、蕎麦好きにはたまらない一品。2）「大海老と野菜の天ざる蕎麦（1,980円）」。蕎麦は＋200円で粗挽きに変更できる（写真は粗挽き）。3）ざる蕎麦に炙り蕎麦味噌ご飯、蕎麦がきのお吸い物や小鉢などが付いた「つなぎや御前（1,580円）」。セットはランチのみの提供

3

2

蕎麦の香りを生かす日本酒を厳選して揃える。右から「此君（1合850円）」、店主の地元・日野郡の「龍王の雫（1合850円）」、「天雲 生もと純米吟醸（1合950円）」、「蒼斗七星 特別純米（1合850円）」

上）「基本的には夫婦二人でやっているので大量に仕込むことはできませんが、手間暇は惜しまずに心を込めて調理しています」と英之さん。下）ファミリーでも使いやすい広々とした店内。壁には県産食材のポスターが飾られているなど、食材への想いは強い

予算や希望に合わせて作るお弁当（写真は1,620円）。この日はハンバーグ、大山豚ヒレカツ、エビフライ、生麩の天ぷら、ローストビーフなど。フタを開けた瞬間テンションが上がる

上）厳選した地元産の調味料。下）鳥取の澄んだ空気と、ミネラルを豊富に含んだ伏流水に恵まれて育った鳥取和牛は、赤身と脂のバランスが絶妙。脂はまろやかで甘く、赤身にコクがあって軽やか

屈指の名店 **4** | 10

いわもと食堂

Area 倉吉

Data
いわもとしょくどう
所 倉吉市福庭町1-105-2 アーク村内
☎ 0858-24-5708
営 11:30～14:30（L.O.14:00）、18:00～20:00（L.O.19:30）※売切次第終了
休 月曜（祝日の場合営業、翌火曜休み）ほか不定休あり
URL http://iwamoto-shokudo.com/
MAP：P109 A-1

上）英之さんの従兄弟が経営する『湯梨浜ファーム』の最高特級卵を3個使う「特選オムライス膳（1,080円）」。下）鳥取牛のうちももで作る「鳥取牛ステーキ丼（1,300円）」は年配のファンも多い

枝肉から捌いて作る絶品のハンバーグ

ふっくらとキレイに焼き上がったハンバーグをひと切れ口に運ぶと、肉の旨味とともにじゅわっと溢れ出す肉汁。鳥取和牛と大山豚を7対3の割合で使用する100％鳥取県産の特製ハンバーグは、ここ『いわもと食堂』の看板メニューだ。

「肉は挽き肉の状態ではなく枝肉のまま仕入れて、自分で捌いてから挽いています。コストを減らす意味もありますが、自分の目で状態を見極めつつ、各部位をそれぞれ適した料理に使うためでもあるんです」と話すのは店主の岩本英之さん。脂のバランスを見ながら、ちょうどいい肉汁が出るように計算するという徹底ぶりに、料理に対する真摯さが垣間見える。

湯梨浜町出身の英之さんは県内の飲食店で実務経験を積んだ後、両親が経営する店で共に働いていたが、その後独立。縁あってこの場所に店を開いた。

「鳥取はいい素材がたくさんあるので、なるべく地元のものを使いたい」と、肉や野菜などの食材をはじめ調味料にまで地元産にこだわる。ハンバーグのソースは、『北条ワイン醸造所』の赤ワインと湯梨浜町の醤油を肉汁と合わせたオリジナルで、脂をほど良く抑えてさっぱりといただける。『湯梨浜ファーム』の最高特級卵を3個使ったオムライスは、チキンライスに負けない濃厚な味わいだ。

最近は特にお弁当の注文が増えているという。予算とメニューの希望を聞いて、カスタマイズしてくれるお弁当は、品数豊富でバランスも良く、注文が殺到するのも無理もない。

「脂っこくない鳥取牛のうちももステーキは冷めても美味しく、幅広い世代に人気があるんです」と、共に店を切り盛りする奥様の孝英さん。二人で作るお弁当の数には限界があり、メニューを固定した方が効率がいいのにも関わらず、お客ごとに希望を聞くという細やかさ。「なるべく期待に応えたいんです」というおもてなし精神に溢れるお弁当は、一度食べたら絶対ファンになるはずだ。

県産食材の魅力を最大限に引き出す努力が地元に愛される所以。

「特製ハンバーグ定食(1,370円)」。なるべく地元の野菜を使うという副菜2種とサラダ、玉子焼きにローストビーフ、ポテトなど付け合わせも豪華で嬉しい。地元からの圧倒的な人気も頷ける

屈指の名店 **5** | 10

実直に料理に向き合い
自然の恵みを生かしきる
引き算の美学に感嘆。

彩食彩味 直

Area 倉吉

Data
さいしょくさいみ なお
所 倉吉市山根588-3
☎ 0858-24-6077
営 18:00 ~
休 水曜
MAP : P109 B-4

関金で捕れた天然のスッポンを使った「スッポンスープ鍋(980円)」。旨味とコラーゲンが溶け出したスープは、ほんの少しの味付けだけで十分

右）独自調合のポン酢でいただく「トラフグの昆布締め（1,200円）」。お造りは店の一番人気メニュー。左）この日のお通しは、右から初モノのタラの白子ポン酢、丸十（サツマイモ）の塩蒸し、茹でエビのチリマヨソース、ナスのゆず味噌がけ、〆カマスの炙り寿司

1 

2 

3 

1）「牛ヒレ鉄板焼き（1,000円〜）」。鳥取牛の交雑種やホルスタイン種など、肉の種類で価格が変わる。2）「松茸の土瓶蒸し（900円）」。3）右から「鷹勇 純米吟醸 なかだれ（1合880円）」、「獺祭 純米大吟醸 磨き三割九分（1合1,480円）」、2025年に開館する鳥取県立美術館の応援事業で作られた「KANJI MAETA（グラス900円）」、「伯州 シャルドネ（グラス880円）」

10席ほどのカウンターと座敷席も備える。地元の常連や出張中のビジネスマンでカウンターが埋まることもあるため、予約がベター

地物食材に合わせた銘酒で一献どうぞ

掃き清められた玄関に、メダカが泳ぐ鉢。引き戸をカラカラと開けると、10席ほどのカウンターが出迎える。一見、敷居が高そうに見える割烹料理店だが、「うちはそんなに大層な感じではないんですよ」と、『彩食彩味直』の店主である磯江直人さんは謙遜する。北栄町出身の直人さんは大学時代にアルバイトをしていたうどん屋で料理に目覚め、京都の割烹料理店や地元の旅館で修業した後、2013年に倉吉で自身の店を開いた。

その日手に入る食材によって変わる品書きは、一品料理からお造り、焼き物、揚げ物、麺類や釜飯、寿司などのご飯ものまで揃い、地物の魚や肉、野菜をひと通り楽しめるラインナップとなっている。

「なるべく県産のものを使い、素材の良さを引き出せるようにできるだけシンプルに調理するように心がけています」と直人さん。この日のお通しは、〆カマスの炙り寿司、タラの白子ポン酢、ナスのゆず味噌がけなど、どれも地元の食材を使った丁寧な一品が並んだ。熱々の状態で供されるスッポンのスープ鍋は、関金で捕れた天然物のスッポンで出汁をとり、塩と少しの醤油のみというシンプルな構成。そのためスッポン本来の旨さが際立ち、最後まで飲み干したくなる優しい味わいだ。お酒は「鷹勇」をはじめ、『北条ワイン醸造所』や『倉吉ワイナリー』のワインなど、地元産や各地の銘酒を厳選している。良質な食材を使っているのにも関わらず、メニュー表を見るとそのリーズナブルさに驚く。高級感がありながら、カジュアルに楽しめるのはありがたい。「気軽に割烹料理を味わってもらいたい」という想いで価格を抑えているというが、何もかも物価高騰のご時世で、その心意気に頭が下がる。

ビジネスホテルが近くにあり、中にはコンシェルジュに紹介してもらい訪れる県外のお客もいるとか。オープンして10年。〝我が街自慢の店〟として、すでに定着しつつある。

右）近隣の魚屋で仕入れているという新鮮な魚介は、ほとんどが鳥取近海で捕れたもの。右上から白バイ貝、赤ガレイ、タラの白子、水タコ、ノドグロ、白イカ。左）一品料理から手打ち蕎麦、寿司まで、幅広く何でもこなす直人さん

Data
さかなりょうり うみ
所 東伯郡琴浦町別所267-1
☎ 0858-55-0889
営 10:30 ~ 21:00 (L.O.20:30)
休 木曜
MAP : P108 A-1

屈指の名店 **6** | 10

魚ひと筋の店主が繰り出す 日本海を詰め込んだ 魅惑のモサエビ丼。

魚料理 海

Area 琴浦

幻のエビ「モサエビ」が、これでもかというほどのった「モサエビ丼（1,850円）」。口いっぱいに頬張れば、その甘みにとろけそうになる

遠路遥々お客が訪れる魚料理の名店

海沿いに町が広がる琴浦町には、美味しい魚を求めて県内外から多くの人が訪れる。『魚料理 海』もそのひとつで、どの席からも日本海を望める店内には、ノドグロや白イカなど近海で捕れた魚介類が並び、おのずと期待が高まる。

こちらでぜひ食べておきたいのが「モサエビ丼」だ。モサエビとは日本海で水揚げされるクロザコエビで、地方によって呼び名が違う。弾力がありねっとりした食感で、甘エビよりも甘く旨味が強い。足がはやいため遠隔地へは出回らず、地元でしか味わえない幻のエビといわれている。醤油とみりんを独自に配合した特製ダレに絡めたモサエビがどっさりのったモサエビ丼は、むっちりとした身を噛み締める度に旨味が口に広がり、甘じょっぱい醤油ダレとモサエビの甘みが相まって、ご飯がすすむすすむ。

店主の前田二千三《ふじみ》さんは魚屋だった父親を高校三年生の時に亡くし、その後独立。居酒屋などを経営しつつ、35年前に本店『活魚ふじ』を開き、その15年後に支店である『魚料理 海』をオープンさせた。いまは支店を主軸にし、ほとんど休まず魚に向き合っている。取材中も絶えず手を動かし、マグロを解体したり、刺身用の魚を選り分けたりと大忙し。

「観光客の方も多いですね。先日も県外ナンバーのバイクで来たお客さんが開店2時間前から並んでくれていたみたい」と二千三さん。駐車場の入り口に掲げられた「日本海を食べに来てごしなれ」の看板の通り、ここは日本海の美味を全国に伝える拠点となっているようだ。

地物の海鮮を使った丼以外にも、刺身や煮魚、小鉢などがセットになった「あみ定食（980円）」も好評

1

3

2

1）日本海を知り尽くした二千三さんが目利きする魚は、間違いなく旨い。毎日、本店で捌いた魚を支店の『海』へ運んでいる。2）日によって種類が変わる刺盛り「富士山（1,500円）」。この日はサワラ、イカ、サーモン、タイ、マグロ。3）休日には行列ができ、常に満席になる店内。全席から日本海が見える

1）琴浦町にある海岸「鳴り石の浜」にちなんで名付けられた「鳴り石丼（1,980円）」。モサエビに加え、ハマチ、シイラ、マグロ、サーモンなど厚切りの旬の刺身がてんこ盛り。2）モサエビの旬はカニのシーズンと重なる期間が長く、陰に隠れた存在となっている。3）刻み海苔を敷き詰めたご飯の上に、少し甘めの特製ダレで味付けしたモサエビをどさっと

2

3

1

キクラゲや竹の子、ネギ、カニカマなどの具材が入った玉子の上にコショウを利かせたあんがたっぷりかかった「天津焼メシ（900円）」も人気メニューだ

2 1

3

1）創業60周年を迎えた時に、店のファンから届いたお祝いの品。多くの人に愛される証左だ。2）店の壁には『ひなビタ♪』のイラストがたくさん。新来軒の他にも市内各地に聖地がある。3）手間と時間をかけて作る「角煮丼（1,000円）」。理想の豚バラが手に入らない時は作らないというこだわりぶり

屈指の名店 7 | 10

新来軒

Area 倉吉

Data
しんらいけん
所 倉吉市研屋町2463
☎ 0858-22-3018
営 11:00～17:00頃
休 不定休
MAP：P111 C-3

時を超えて愛される手間暇かけた中華料理

倉吉の観光名所のひとつ、白壁土蔵群。江戸・明治期の建造物が残り、国の重要伝統的建造物群保存地区に選定されている。中華料理店『新来軒』は、そんな歴史ある街並みの中にひっそりと佇んでいる。

「こんにちは、いらっしゃい！」とパワフルに迎えてくれたのは、二代目店主である平久《ひらく》美樹さん。実はこの店、ウェブを中心に展開するキャラクターバンドコンテンツ『ひなビタ♪』のファンが多く訪れる聖地で、ヤンさんは名物店主として知られた存在なのだ。店内の壁にはファンから贈られたイラストがびっしりと飾られている。

「年に数回、記念イベントも開催するんですが、その時にはキャラにちなんだ特別メニューも作るんですよ」と、美樹さんは大変だと言いつつ楽しそう。

『新来軒』は美樹さんの父親が昭和30年に創業。途中、店主の体調不良もあり一度閉店するも、別の仕事をしていた美樹さんが手伝いに戻り、2011年に再オープンした。「やっぱり店を失くしてしまうのは惜しいなと、引き継ぐことに決めました。料理の基本は小学生の頃から父から叩き込まれていたので、あとは手伝いつつ隣で見ながら店の味を覚えました」

平日は一人で切り盛りしている。忙しくても気さくに明るく振舞う美樹さんにファンも多い。冗談まじりの他愛ない会話も、ここでの楽しみの一つだ

創業当初からのメニュー「ホルモンライス（レバニラ）」は、もろみ味噌をメインに、赤味噌、オイスターソース、豆板醤などが入ったコク深い味わい。絶妙な半熟具合の玉子がのった罪深いビジュアルにも心惹かれてしまう。長い付き合いのある肉屋から仕入れる厳選した豚ばらブロックで作る角煮は、いったん茹でた後に一人分ずつ揚げ、味噌や砂糖、酒、ニンニク、豆板醤などが入ったタレで40分煮込む。その後、さらにタレごと2時間蒸してから提供直前に味付けする。ほど良く脂がのった豚バラはタレがよく染みてトロトロ、ホロホロ。脳裏に焼き付く旨さだ。昔から変わらない味を求める常連も、新世代のファンの心も掴んでいる美樹さんの料理。白壁土蔵群を訪れた際にはぜひ立ち寄ってほしい。

右）「父からレシピを教えてもらったことはなく、味見をしながら覚えました」と美樹さん。イベント時にだけ登場する、特別メニューも必見だ。左）使い込まれた厨房や中華鍋が店の長い歴史を物語っている

歴史を重ねた厨房で、父から娘へ受け継がれた本格派町中華に唸る。

一度揚げた鶏レバーとニラ、もやしを味噌ダレベースの特製ダレで炒めるレバニラに、ライスとスープが付く「ホルモンライス（1,000円）」

飽くなき探究心で地産地消を体現する

高濃度のラドン含有量を誇り、「三たび朝を迎えると元気になる」といわれる三朝温泉。風情ある温泉街に店を構える『三朝屋』は、店主がなるべく自分で調達した地元食材を使った、地産地消メニューが味わえる店だ。

店主の玉川泰之さんは東京出身。国内にて約8年修業の後、25歳の時に料理の勉強のため海外へ渡り、41歳まで15カ国を渡り歩いた。帰国後、縁あって訪れた鳥取で各地を回り、三朝に惹かれて移住を決意。1年後の2016年に店を開いた。おすすめは「地物おまかせ膳」。自身の畑で採れた野菜や、廃校を利用した生け簀で養殖しているサーモン、原木しいたけなど、店主が自作した食材を使ったバラエティ豊かな小鉢がずらりと並ぶ。その他、シカやイノシシなどのジビエも名物だ。

「畑作りも狩猟も投網漁も、すべて移住してから習得しました。失敗しても、周りにはアドバイスをくれるその道のプロがたくさんいます。地域の方はみんな私の先生です」と泰之さんは話す。月の半分は農業や漁業など、食材の調達に時間を費やし、納得いくものが手に入ったら店を営業するというスタイル。かなりの労力が必要だが、なぜそこまでストイックになれるのか。

「やはり、安心できるものを自信を持ってお出ししたいですし、採れたてのものを食べられる幸せを感じてほしいので」。

地産地消を追求する、終わりなき挑戦は続く。

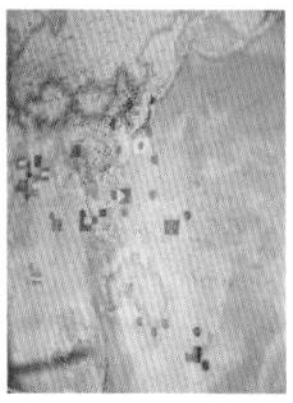

左）「お腹を満たすだけじゃなく、心に残る"作品"を作りたい」と泰之さん。下）中国、マレーシア、イタリア、米国など様々な国で料理人として働き、各国大使や中東の王族に料理を提供したことも

上）カウンターと座敷席を備える店内。イートインのほか、仕出し弁当の注文なども受け付けている。下）ランチは予約優先、夜は完全予約制。食材が揃わない時は営業しないため、ランチも事前連絡がベター

日々、50坪の畑で野菜を育て、三徳川で落ち鮎を獲り、山で獣を獲るという泰之さん。「恵まれた環境で暮らせることに感謝して、料理を通じて三朝の街に恩返しをしたいと思っています」

屈指の名店 **8** | 10

味賞 三朝屋

Area 三朝

Data
あじしょう みささや
所 東伯郡三朝町三朝924
☎ 0858-43-0179
営 12:00～14:30
休 不定休
MAP：P108 B-3

上）地元の無農薬玄米を炊き、カツオ出汁、酒、みりん、少しの塩で味付けした滋味深い「玄米がゆのセット（2,450円）」。下）近隣の山で捕獲し、解体から行った「鹿ロース肉の石焼きステーキ（3,150円）」。鹿肉は軟らかく、臭みもなくて美味。※日によって価格変動あり

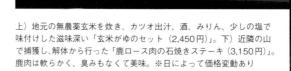

自然の中で生きる喜びを皿の上で表現する、三朝に魅了された男の挑戦。

「地物おまかせ膳（3,500円）」は要予約。この日は、神倉サーモンと本ガツオのお造り、小アジの南蛮漬け、天然ブリの漬け焼き、白ゴーヤのお浸し、茶碗蒸し、サラダ、魚のアラのだし汁、おくらとろろ、大山どりむね肉のローストなど多種多様

屈指の名店 **9** | 10

長きにわたり継承した味と現代的なセンスが融合した新時代のカフェへ。

sept

Area 倉吉

Data
セット
所 倉吉市昭和町2-111
☎ 0858-27-2995
営 11:00 ～ 14:00（ランチ）、14:00 ～ 17:00（カフェ）
休 月曜
MAP：P110 E-2

「手ごねハンバーグのプレートランチ（1,320円）」。彩り豊かな付け合わせの副菜やサラダで野菜もたっぷりとれて、栄養バランスばっちり

1

3

2

1）今年で開店して3年。毎日通うファンもいるとか。2）ガラスの花器や照明のシェードは、倉吉にアトリエショップをもつ大家具子さんの作品。3）国産材料で作った米粉100%の最中に自家製ジェラートを挟んだ「自家製ジェラートの最中サンド（605円）」。この日のフレーバーはクッキー＆クリーム

細部までセンスが光る倉吉市民自慢のカフェ

倉吉市昭和町に佇む、薄墨色のマテリアル感がモダンな外観。木製の扉を開けると、カラフルなタイルやアンティークの家具など、こだわりにあふれた空間が広がる。

「扉やテーブルなどの家具は地元の職人さんにお願いしました。器や照明も倉吉の作家さんに作ってもらったんです。店を通じて、地元の方を応援したいと思って」と話すのは『セット』の店主、松田佳奈さん。以前、この地で営業していたお母様の喫茶店を受け継ぎ、２０２０年に自身の店をオープンした。

昼前から夕方までの通し営業で、ランチタイムには平日でも満席になることが珍しくない。限定15食の日替わりランチのほか、メイン料理にサラダ・副菜・ライス・スープが付いたプレートランチも好評だ。この日オーダーしたのは、手ごねハンバーグのプレートランチ。喫茶店時代から36年継ぎ足しているというデミグラスソースでいただくハンバーグは、鳥取牛と豚肉の合挽き肉を使用。しっかりとした肉の食感を残しつつもジューシーで、ソースのコクと肉の旨味が合わさった奥深い味わいだ。

お茶の時間にぜひ食べたいのが、地元食材で作る月替りのパフェ。取材時の9月は、20世紀梨と新品種である「新甘泉梨」の2種を使用した、初秋らしいパフェが登場。梨のソルベやジェラートなども自家製で、手作りの優しい甘みを感じる。季節ごとに訪れて、地元の美味を満喫したい。

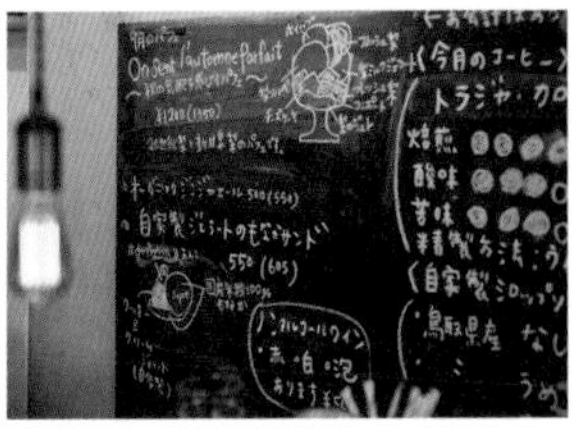

黒板には手書きのメニューがびっしり。ランチは14時までだが、ピザなどの軽食はティータイムにも注文できる

6

5

4

4）9月のパフェは「秋の気配を感じるパフェ（1,320円）」。県産の無農薬野菜を使ったビーツのパウダーは倉吉のブランド『5cinq』のもの。5）自家製シロップに漬けたすももが丸ごと入った「季節のシロップソーダ・すもも（550円）」。6）ゆったり寛げる店内

屈指の名店 **10** | 10

TROUB A DOUR

Area 倉吉

Data
トラバドール
所 倉吉市上井2-4-1
☎ 0858-26-4017
営 11:30～20:00
休 不定休
MAP：P109 B-3

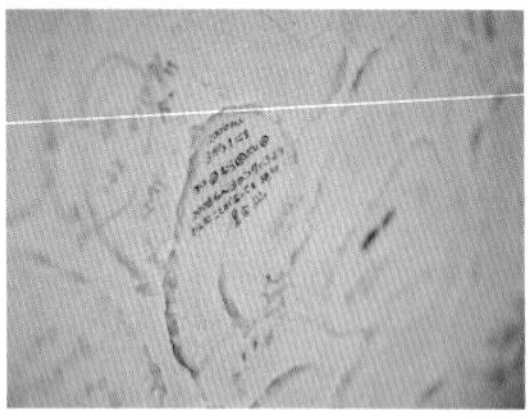

上）ロンドンにいる時に通っていたレストラン『トラバドール』に飾ってあったオブジェの型をとり、帰国後に自分で掘った吟遊詩人の絵。下）壁の落書きもまた、店の長い歴史の一部だ

いつまでも変わらない 温かさを求めて市民が集う

倉吉駅から駅前通りを5分ほど歩くと見えてくる、青い屋根瓦のレトロな外観が目印。今年で創業45年となる『トラバドール』は、何世代にもわたって倉吉市民の憩いの場となっている。店内にはアンティークのミシンや古いレジなどが飾られ、どこかノスタルジックな雰囲気を醸し出す。みんなに「ゲンタさん」と呼ばれ親しまれている店主の原田民夫さんは、23～28歳までヨーロッパを中心に海外を放浪。帰国後、30歳の時にこの店をオープンした。

「ロンドンでよく通っていたのが『トラバドール（＝吟遊詩人）』という店で、同じ名前を付けたんです。旅の途中に食べたピザの美味しさに感動して、自分の店でも作ることにしました」とゲンタさん。ピザメニューだけでも常時35種ほどあり、要望があればメニューにないものを作ることもあるとか。ピザ生地は前日に練ったあと寝かせて発酵させ、翌日二次発酵。こねてから延ばすまで24時間もの時間をかけて作っている。「特製ミックスピザ」は魚介と肉類を両方使うからこその旨味。生地はもっちり分厚く食べ応え抜群だ。

海外放浪中にアルバイトをしながら旅の資金を稼ぎ、ロンドンの語学学校に通っていたというゲンタさん。その学食で出合った「ミートソーススパゲティ」は隠れたスペシャリテなのだとか。挽き肉と野菜を手作りのトマトソースでじっくり煮込み、二日寝かせたミートソースはトマトの酸味と野菜の出汁、肉の旨味が渾然一体となってしみじみ美味しい。

「家に帰る前のひと時や仕事の合間に、一人で寄ってくれる人も多いですね。皆さんここで息抜きされているんじゃないかな」と教えてくれたのは、奥様の孝子さん。35年前に増築工事をしたが、壁の落書きは消さずに残したという。昔書いた自分の落書きを見に数十年ぶりに訪れる人もいるのだとか。この先もずっと市民の拠り所であり続けてほしい一軒である。

1

2

3

1）店自慢の逸品、「トラバドール特製ミックスピザ（1,080円）」。高温の遠赤外線オーブンで焼き上げるため、外側はパリっとしつつ、中はもっちりとした食感が特徴的。2）トマトソースから手作りする「ミートソーススパゲティ（930円）」。ソースは完成してから2日間寝かせて、味を馴染ませている。3）シンプルで優しい甘みを楽しめる「バナナジュース（450円）」はリピーター続出の人気メニュー。大山のふもとにある『岸田牧場』の牛乳を使用

4）北欧の農家をイメージしたという店内は懐かしいアイテムであふれ、タイムスリップしたような気分になる。5）「お客さんが、自宅の納屋にあった古い電話とかミシンを持ってきてくれたんです」と孝子さん。6）内装はなんと手作り。床はレンガと古木を敷き詰め、白壁は手塗り

6

5

4

世界を旅して出合った運命の味を探求し続けたどり着いた現在地。

玉ネギ、ハムなどと炒めたライスの上にホワイトソースをかけ、魚介とチーズをのせてオーブンで焼いた「魚介のライスグラタン（1,080円）」

キーワードで知る

倉吉ヒストリー

倉吉周辺では古くから人々の生活が営まれ、政治経済の拠点となり、新しい文化、産業、芸術が誕生して、現在に至っている。4つのキーワードから、倉吉の知られざる歴史を紐解いてみよう。歴史を深掘りしてみれば、地元への愛着が一層深まるかもしれない。

写真＝野口祐一／深澤慎平　文＝山内貴範　イラスト＝化猫マサミ

Keyword 1

伯耆国《ほうきのくに》の原風景

倉吉市の西方に広がる丘陵地の東端には、奈良時代の律令制のもとで、国司が政務を行った国庁跡、それに関連する官衙（役所）である法華寺畑遺跡など、古代の政治の中心地があった。

Best of 倉吉

Chapter 2

伯耆国早わかり年表

645年	中大兄皇子らによる大化の改新が起こり、令制国が成立し始める。
7世紀頃	国造（くにのみやつこ。土着の豪族が世襲して務める）により、伯耆国が設置される。
8世紀中頃	倉吉市の西方に国庁が造営される。
1871年	廃藩置県により鳥取県の管轄になる。

「伯耆国庁復元模型」（国立歴史民俗博物館所蔵）

復元された伯耆国庁

国庁は儀式などを行う内郭と、実務を行う外郭から成る。内郭には南門・前殿・正殿・後殿などの施設が整然と建ち並んでいた。

大陸に対して開かれた古代日本の玄関口

倉吉一帯が含まれる伯耆国の成立年は定かではないが、和銅３（７１０）年の平城京成立前にはすでに存在していたといわれる。山陰地方は日本海に面しており、朝鮮半島や大陸にも近い伯耆国は、最新の文化が導入されやすい場所にあった。

奈良時代の律令制の時代、国の等級は大、上、中、下の４つに区分されたが、伯耆国は〝上〟であった。山陰地方の中でも伯耆は米の収穫量も多く、豊かな環境だったのだろう。そのためか、現在でいう県庁にあたる国庁、地域の仏教の中心寺院である国分寺などが、他より早い時期に整備された。

伯耆国の特徴は国庁、国分寺、国分尼寺が非常に近い場所に造られている点だ。平安時代に編纂された、律令の施行細則をまとめた『延喜式《えんぎしき》』の中には、「施設で働く役人の定員は４３７人」と記されている。家族を含めると国庁周辺に数千人が住んでおり、都市機能の核をもつ人口集積地だったと思われる。

国庁はたびたび改築され、強固な建物に造り替えられている。伯耆国は大陸との玄関口であり、いつ攻められても対応できる体制を整えたのだろう。倉吉が重視されていたことがうかがえる。

かつて栄えた伯耆国の都が いまは草原の下で静かに眠る

S|P|O|T —①

伯耆国庁跡

伯耆国庁が置かれていた倉吉は、山陰地方の政治の中心地のひとつであった。奈良時代の8世紀中頃には造営が始まり、平安時代に入ってからも、10世紀頃まで存続したと考えられている。その間に3度にわたる改築が行われ、9世紀にはそれまでの掘立柱の建物から、礎石をもつ豪勢な建物に替わっている。跡地からは役人が使っていた食器などが発掘された。遺構は畑の下に埋もれているが、ここに古代の政治の拠点があったと思うと感慨深い。

Data
ほうきこくちょうあと
所 倉吉市国分寺426
☎ 0858-22-4419
（倉吉市教育委員会文化財課）
MAP：P108 A-2

話を聞いた人
倉吉博物館・館長
根鈴輝雄さん

伯耆国の時代から現代まで、倉吉の歴史について精通するエキスパート。古代の史跡から近代の文化財まで、幅広く解説いただいた。

遺跡全体は南側を正面とした約150m四方の規模。周囲には溝と板塀を巡らし、4カ所に門を置く。広場で儀式が行われたのだろうか

在りし日の姿の
門が復元されている!

S|P|O|T ──②

法華寺畑遺跡

Data
ほっけじばたいせき
所 倉吉市国府
開 見学自由
☎ 0858-22-4419
(倉吉市教育委員会文化財課)
MAP：P108 A-2

法華寺畑遺跡には、当初は伯耆国庁に関連する何らかの役所が建てられていたと考えられている。国分寺同様に8世紀中頃に造営され、10世紀頃まで使われていたとされるが、平安時代の記録や地名からは、伯耆国分尼寺であった可能性も見出されている。

古代の遺跡が眼前に広がる

Keyword ①

伯耆国の原風景

天平13（741）年、聖武天皇が仏教を中心とした国造りを進めるため、律令制のもとで制定された各国に、国分寺の建立を命じた。国分寺は巨大な塔や煌びやかな伽藍《がらん》などを備えた建築技術の粋を集めたもので、仏教で国を治める鎮護国家の象徴であった。また、建設が急がれたのは、当時流行していた感染症「天然痘」の流行を抑える狙いもあったとされる。

伯耆国分寺の伽藍が整った時期は判明していない。しかし、8世紀頃には主要な伽藍が完成していたとされる。跡地からは金堂、講堂、回廊などの跡が発見されており、また、遠方から望めるほど高い塔がそびえていたと思われる。国分寺は仏教を学ぶ大学のような存在で、聖武天皇は、清らかで環境のよい場所に建てるように命じている。約1200年前の倉吉が優れた環境だったとわかるだろう。

また、聖武天皇は、国分寺と尼寺の国分尼寺は基本的に鐘が聴こえる程度に離れた場所に建てるように進言している。ところが、伯耆国では国分寺と国分尼寺が隣り合っ

伯耆国分寺跡から発見された鬼瓦（右）と錫杖頭（しゃくじょうのかしら／左）。鬼瓦は建物の屋根を飾り、魔除けなどの意味があった。憤怒の形相は迫力がある。錫杖頭は、僧侶が携帯する錫杖という道具の上部に取り付けられたもの。いずれも倉吉博物館所蔵

S|P|O|T ──③

倉吉博物館

倉吉の象徴・打吹山のふもとにある、倉吉に関する歴史資料や美術品を展示。古代の暮らしから地元出身の芸術家の作品まで、文化財と美術品が揃う。

Data
くらよしはくぶつかん
所 倉吉市仲ノ町3445-8
☎ 0858-22-4409
営 9:00～17:00（最終入館16:30）
休 月曜（祝日の場合は翌平日休み）、年末年始
料 一般220円、高校・大学生110円、中学生以下・70歳以上・障がい者手帳を持っている人とその介助者は無料
MAP：P111 C-3

発掘された伯耆国分寺塔跡。塔心礎はじめ、礎石はほぼ掘り出されていた。礎石を据えた穴の底に沈下防止の石が敷いてある。（写真＝倉吉博物館）

COLUMN

相撲を取るようにがっしり組み合う2人の人物は愛嬌あふれる顔立ち。現代のフィギュアのルーツだろうか

倉吉博物館所蔵

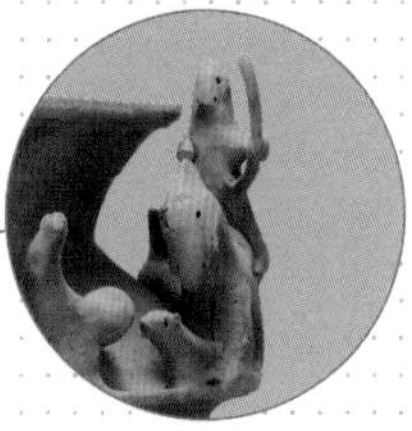

鹿を追う躍動感ある人物と、反り返った弓の表現は見事。矢を射込んだ瞬間を見事にとらえている

世にも珍しき！

装飾須恵器《すえき》を紐解く

古墳時代の須恵器といえばシンプルで簡潔な土製品というものが多いが、そうした常識を覆す装飾的な須恵器が、倉吉では発見されている。

装飾須恵器は、横穴式石室という古墳に供えられることが多く、葬送に用いられたと考えられている。ルーツは朝鮮半島の新羅であり、九州でも多く発見されているが、倉吉の野口1号墳から発見された装飾須恵器ほど装飾性に富んだものは珍しい。人物がいて、馬がいて、鹿や水鳥までいる。馬に乗った人の左手には、弓を持っていた痕跡がある。追われる鹿は一目散に駆けているのだが、少し振り向いているのがわかる。鹿の首のあたりには、矢が刺さったような跡が見えることから、矢が命中した瞬時を立体的に表現した見事な装飾といえる。ここまでリアリティある装飾須恵器は、いったいどこで制作されたのだろうか。制作者は土着の人とは思えず、外部から招かれた職人によるものかもしれない。手で捻っただけのシンプルな造りが多い須恵器において、異色の存在だ。

奈良時代の歌人・山上憶良が治めた地でもあった

ているのだ。伯耆国分尼寺の跡地と推定されているのは、法華寺畑遺跡である。おそらく、もともとあった何らかの役所の土地と建物を利用し、尼寺に造り替えたのではないかと考えられており、境内には役所のような広場がある。

あの著名な歌人は実は役人だった

日本最古の歌集『万葉集』には、身分を問わずあらゆる人々の歌が収録されているが、地方勤務を命じられた役人の悲哀を感じさせる歌も多い。いわば、地方転勤を命じられたサラリーマンが、華やかな本社勤務の時代を懐かしんでいる、とでもいえようか。

悲哀の歌で有名な万葉歌人に山上憶良がいる。憶良は歌人として高名だが、本業は伯耆国を治める伯耆守《ほうきのかみ》という役人であり、任期は約4～5年間にわたったとされる。歌は当時の役人にとって重要な教養であり、特に、天皇に届く歌が作れるかどうかは職務上重要なスキルであった。憶良は趣味で歌を詠んだわけではないが、当時の役人の率直な気持ちが表現されている。

憶良が赴任していたことからも、伯耆国が重要な国であったことは間違いない。憶良は遣唐使として中国に渡り、大陸の国の強大な力を目の当たりにした人物で、最新の海外事情に通じていた。そうした憶良を、半島大陸の最前線である伯耆国のトップに据えている。有事の際の交渉力などが憶良は抜きん出ていて、伯耆守としても期待を集めていたのかもしれない。悲哀の歌のイメージとは違う、インテリな憶良の姿が見えてくる。

山上憶良《やまのうえのおくら》

山上憶良（660～733年）は遣唐使として活躍したのち、霊亀2（716）年に伯耆守となって倉吉の地に赴任した。歌人として詠んだ『万葉集』収録の作品の中には、伯耆国で見聞きしたことや経験に基づいていると推察できる歌が多い。

山上憶良歌碑

歌碑に刻まれた歌は『万葉集巻五』収録の一首。「瓜食めば子ども思ほゆ　栗食めばまして偲はゆ　いづくより来たりしものそ まなかひにもとなかかりて　安眠しなさぬ」。子どもの面影が目の前にちらつき、安らかに眠れないと詠んだもの。

Keyword

2

製鉄

倉吉の製鉄業の唯一無二の特徴は、
鉄を作るだけにとどまらず、
製品を作る技術も備わっていたという点だ。
そして、製品の販売方法も唯一無二だったのである。

製鉄早わかり年表

弥生時代後期	たたら製鉄の技術が伝来
平安時代中期	刀匠・大原安綱が誕生。日本刀のスタイルが確立される。
江戸時代後期	倉吉の鍛冶町で千歯扱きの製造が始まる。
江戸時代末期〜明治時代	倉吉の千歯扱きが全国的ブランドになる。

鍛冶屋の多さは、市内に鍛冶町という地名があったことからもわかる。八島農具興業の工場では、農具を生産する風景が現在でも見られる

S|P|O|T ④

八島農具興業

明治30（1897）年に稲扱千歯の製造元として初代の八島幸吉が創業、現在は五代目。創業以来百数十年、一貫して農具を製造している老舗である。愛着をもって使ってもらえる農具を製造することが理念。メンテナンス体制がしっかり整っているのも倉吉の伝統だ。

Data
やしまのうぐこうぎょう
所 倉吉市広栄町889-6
☎ 0858-22-7233
営 8:30 〜 17:00
休 土・日曜、祝日
MAP：P108 B-2

古来より良質な砂鉄が採れ、製鉄や鍛冶が発達した

倉吉のモノづくりの原点は製鉄業にある

砂鉄から鉄を作り出す「たたら製鉄」の始まりは弥生時代後期といわれ、朝鮮半島から移り住んだ人々によって技術が伝えられたという。鳥取県では中国山地の砂鉄を使い、たたら製鉄が古くから行われてきた。その中でも、倉吉は製鉄業の郷として名を残す。

倉吉の名を高めたのは、江戸時代、市内の鍛冶町で生産が始まった千歯扱《せんばこ》きだった。千歯扱きは、台木に17〜23本程度の歯（鉄製の穂）が取り付けられた、米や麦を脱穀する農具である。倉吉は大正初期にかけて全国一の生産地として栄え、「倉吉千歯」は全国で使われていたトップブランド。

歯は硬すぎると折れるし、軟らかすぎると曲がってしまうが、弾力を生む独特の製法を用いてヒットした。

また、職人が自ら行商に出て新製品の販売も行い、過去に購入された品物のメンテナンスも行っていた。アフターケアが万全に行き届く先進的な販売方法をしていたのも特徴である。

全盛期は30軒ほどあった鍛冶屋も、現在は市内に2軒ほど。そのうちの1軒、八島農具興業は明治以来の伝統を未来に繋いで農具の生産にあたっている。

八島久晋さん（中央）と家族が営む。中部ものづくり道場の岡本尚機代表（右）にもお話をうかがった

台木に穂を取り付ける「からみ場」の様子で、明治44（1911）年頃。千歯扱きの品質を決める重要な工程のため、熟練の職人が作業に従事した。倉吉博物館所蔵の写真

倉吉産の千歯扱きが日本一人気だった理由とは!?

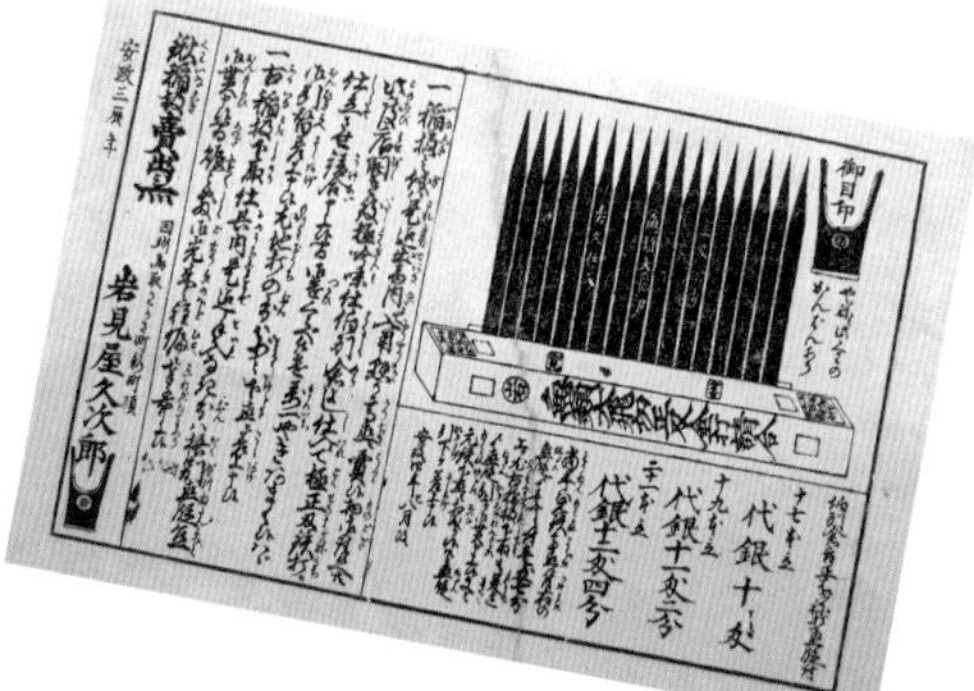

鳥取の農具商の石見屋が安政3（1856）年に出した引き札（チラシ）。行商が販売していた千歯扱きを店頭販売する旨を案内している

倉吉で生産された千歯扱きは江戸時代の農業生産を向上させた農具。稲の穂先から籾を振るい落とす脱穀作業に用いる

穂（歯）には、鮎のウルカ、糠、膠、硝石を調合したものを塗って焼き入れし、弾力のある穂に仕上げる

倉吉の千歯扱きの特徴は独自の焼入れ。台木には独特な書体で「無類飛切伽羅鋼請合（むるいとびきりきゃらはがねうけあい）」と墨書。他に類を見ない極上の鋼、という意味だ

いずれも倉吉博物館所蔵

これが"天下五剣"のひとつ「童子切安綱《どうじきりやすつな》」だ！

刀の刃文は日本刀を鑑賞するうえでポイントになるが、安綱の場合はそれが特に美しい。また、美しい曲線を描く刀身の"反り"も安綱の特色である

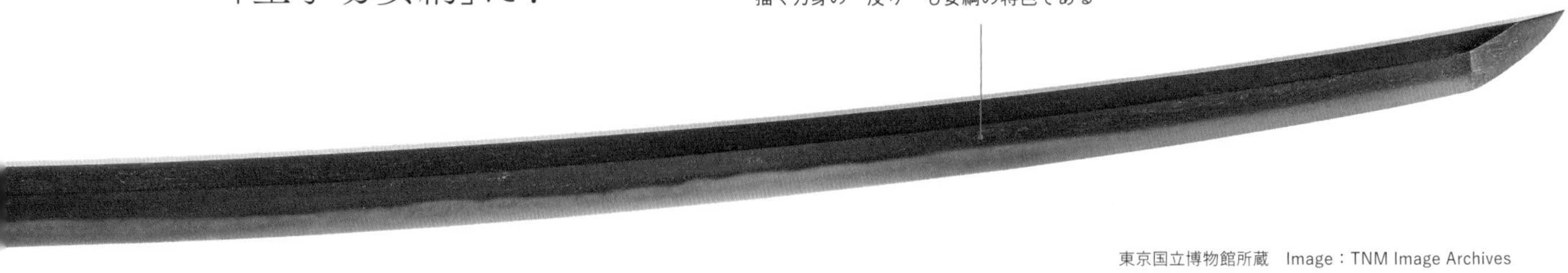

東京国立博物館所蔵　Image：TNM Image Archives

伯耆国が生んだ稀代の名工・安綱による天下に轟く業物《わざもの》

日本刀の革新は倉吉から始まった!?

　先に述べたように、倉吉は良質な砂鉄が採れたことでたたら製鉄が盛んになり、刃物などの製造でも有名になった。中でも、その名を轟かせたのは刀剣の生産であった。しばしば、伯耆は〝日本刀の故郷〟といわれる。それは刀そのものの質が優れていただけでなく、日本刀の造形に革新をもたらした、ある人物がこの地から生まれたことに由来するのだ。

　日本古来の刀といえば、刃がまっすぐに伸びた直刀《ちょくとう》という形式が主流だった。この刀身に反りを与えることで、扱いやすく機能面でも優れ、かつ見た目も優美な日本刀を生み出したのが、平安時代中期の伯耆国大原の刀匠・大原安綱である。まさに、安綱は我々がイメージする日本刀の形をつくった人物であった。安綱は京都の三条宗近《さんじょうむねちか》、岡山の古備前友成《こびぜんともなり》などと肩を並べる存在である。個人名が特定できるもっとも古い刀匠の一人とされ、その三者の中でも突出した人物と讃えられる。

国宝に指定された天下の名刀

　安綱の代表作でもあり、国宝にも指定されているのが「名物童子切安綱」だ。刃長が約90センチ、反りが約2・7センチになるこの名刀は、その後の持ち主の遍歴も凄まじい。豊臣秀吉、徳川家康、そして家康の子にして江戸幕府二代将軍の秀忠が所持し、越前藩主の松平忠直《ただなお》に贈られ、のちに岡山の津山藩・松平家に伝来した。「童子切」の名は、源頼光《よりみつ》がこの刀を所持し、四天王を引き連れて、丹波大江山にいた酒呑童子の首を斬り落としたという伝説に由来する。

　名刀中の名刀として〝天下五剣〟にも数えられる刀を生み出した刀匠が、この地から誕生した要因はどこにあるのだろう。

　倉吉周辺は、伯耆国の国庁が置かれるなど、古くから経済・文化的に栄えてきた。それが基

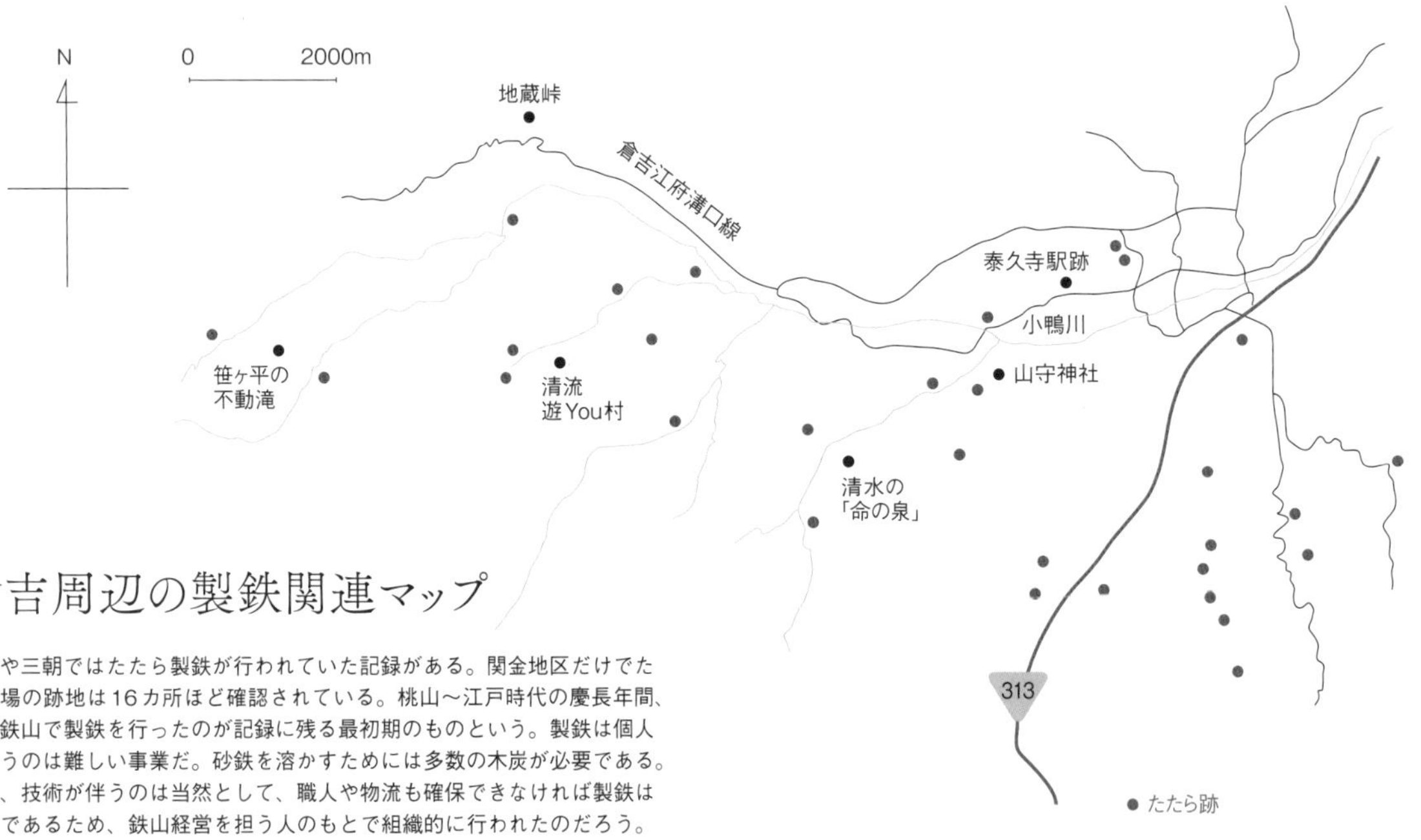

倉吉周辺の製鉄関連マップ

関金や三朝ではたたら製鉄が行われていた記録がある。関金地区だけでたたら場の跡地は16カ所ほど確認されている。桃山〜江戸時代の慶長年間、池谷鉄山で製鉄を行ったのが記録に残る最初期のものという。製鉄は個人で行うのは難しい事業だ。砂鉄を溶かすためには多数の木炭が必要である。また、技術が伴うのは当然として、職人や物流も確保できなければ製鉄は困難であるため、鉄山経営を担う人のもとで組織的に行われたのだろう。

刀の茎の部分には縦に安綱の銘が刻まれている。銘が刻まれた刀が現存する刀匠として、安綱は最初期の人物

大原安綱《おおはらやすつな》

安綱は平安時代中期に活躍した高名な刀匠であり、“日本刀の祖”と讃えられる。国宝に指定されている「名物童子切安綱」（東京国立博物館所蔵）は安綱の代表作。酒呑童子の説話の中では、源頼光が酒呑童子を斬った太刀として登場する。

盤となり、たたら製鉄の技術が進歩し、優れた職人を生む土壌が育まれたと考えられる。

また、安綱の一門には真守《さねもり》、有綱《ありつな》、安家《やすいえ》といった著名な刀匠がいる。中でも安綱の子の真守は、倉吉市大原にその屋敷跡が残る。真守は伝説的な宝刀「抜《ぬけ》丸《まる》」の作者とされる刀匠だ。こうした人材育成に安綱が長けていたことも、天下に名高い刀匠が次々に生まれた大きな要因と言っていいだろう。

刀匠がその後の倉吉の産業に影響を及ぼした

Keyword 2 製鉄

室町時代末期から江戸時代中期にかけて、倉吉や津原で活躍したのが、廣《ひろ》賀《よし(ひろが)》と呼ばれる刀鍛冶集団である。廣賀一門は、主に道祖尾《さいのお》系廣賀と見田《みた》系廣賀の2つの系譜に分けられる。それぞれ、戦国の世においては戦国大名や武将から重宝され、刀を生産してきた。しかし、天下泰平の世が続いた江戸時代には武士が戦闘をする機会はほとんどなくなった。それに伴って次第に刀剣の需要は減少し、刀匠たちの多くは転職を選ぶことになる。

しかし、刀匠たちはその高度な技術を使って、庶民の生活に役立つ刃物や農具の製造に従事することになった。倉吉でもそうした刀匠は多く、その技術力がのちに千歯扱きを生産する原動力になったのだ。

参考文献

「日本刀のふるさと　伯耆国くらよし」
倉吉市経済観光部 観光交流課発行

COLUMN

山陰屈指の古湯！

関金温泉で疲れを癒やす

たたら製鉄の郷で極上の名湯に浸かり、悠久の歴史に思いを馳せる。

約1300年前に開湯されたという関金温泉は、僧・行基が、鶴が入浴しているところを発見したのが起源という伝説がある。ほかにも、弘法大師が荒れ果てていた温泉地を整備したとも伝えられる。江戸時代には関金は温泉地としても、宿場町としても栄えた歴史をもつ。鳥取県内の三朝温泉に次いで国内でも有数のラジウム含有量を誇り、“白金の湯”とも呼ばれる。『伯耆民談記』にも「銀湯」として登場。

SPOT ⑤

せきがね湯命館

「日本の名湯百選」にも選ばれた名湯を、広々とした岩風呂で楽しめる。入浴を通じて、身体の免疫力や自然治癒力を高めるホルミシス効果が期待できる。サウナなどの設備も充実。郊外に建つ施設なので、休憩所もゆったり。

Data
せきがねゆうめいかん
所 倉吉市関金町関金宿1139
☎ 0858-45-2000
営 10:00 ～ 21:00（最終受付20:30）
休 月曜（祝日の場合は翌日休み）
料 大人（中学生以上）820円、小学生410円、幼児無料
MAP：P108 A-2

Keyword

3

山岳信仰

自然崇拝に端を発する山岳信仰は、
険しい山が身近に多い鳥取県では
各地で盛んだった。その面影を伝えるのが
三徳山を境内とする三佛寺と、船上山である。

山岳信仰早わかり年表

706年	役行者が三徳山を開き、投入堂を建立したと伝わる。
849年	円仁が三徳山麓に三体の仏像を安置し三佛寺と号す。
平安時代後期	現在の投入堂及び本尊の建立時期とされる。修験道が盛んになる。
1333年	後醍醐天皇が船上山に立てこもり、鎌倉軍を撃退し復権。
1952年	投入堂が国宝に指定される。

奇想天外すぎる建築の投入堂は、安藤忠雄や磯崎新など多くの建築家が賞賛した名建築。実は2棟の建築で構成され、手前が投入堂（奥院）で、奥に愛染堂が付属する

S|P|O|T ―⑥

三徳山三佛寺

鳥取県のほぼ中央に位置する三徳山（標高900m）に境内を持ち、古くは山全体を境内としていた山岳寺院。開山は慶雲3（706）年、役行者が修験道の行場として開いたのが始まりとされる。嘉祥2（849）年には円仁によって、本尊釈迦如来、阿弥陀如来、大日如来の三仏が安置され、その名の由来となっている。

Data
みとくさんさんぶつじ
所 東伯郡三朝町三徳1010
☎ 0858-43-2666
開 本堂8:00～17:00、投入堂～15:00
休 なし（天候により参拝登山不可の場合あり）
MAP：P108 B-2

3

2

1

4

5

1）本堂を参拝し、道中の安全を祈願。この先は険しい道の連続だ。2）寺を開いた役行者の像。3）1日に何度も上ることがあるというガイドの久保昌之さん。輪袈裟（わげさ）と呼ばれる白い布を肩から掛け、山伏が山中で修行するときに唱える「さんげさんげ」「ろっこんしょうじょう」と発しながら上っていく。4）住職の米田良中さん。御年79歳であるが、いまも投入堂へ修験の道を歩く。5）投入堂までは木の根を伝って上るカズラ坂や、鎖を伝うクサリ坂など難所が多い。ここが修行の場であると実感する

修験道の祖・役行者《えんのぎょうじゃ》が法力で投げ入れたとされる〝日本一危険な〟国宝

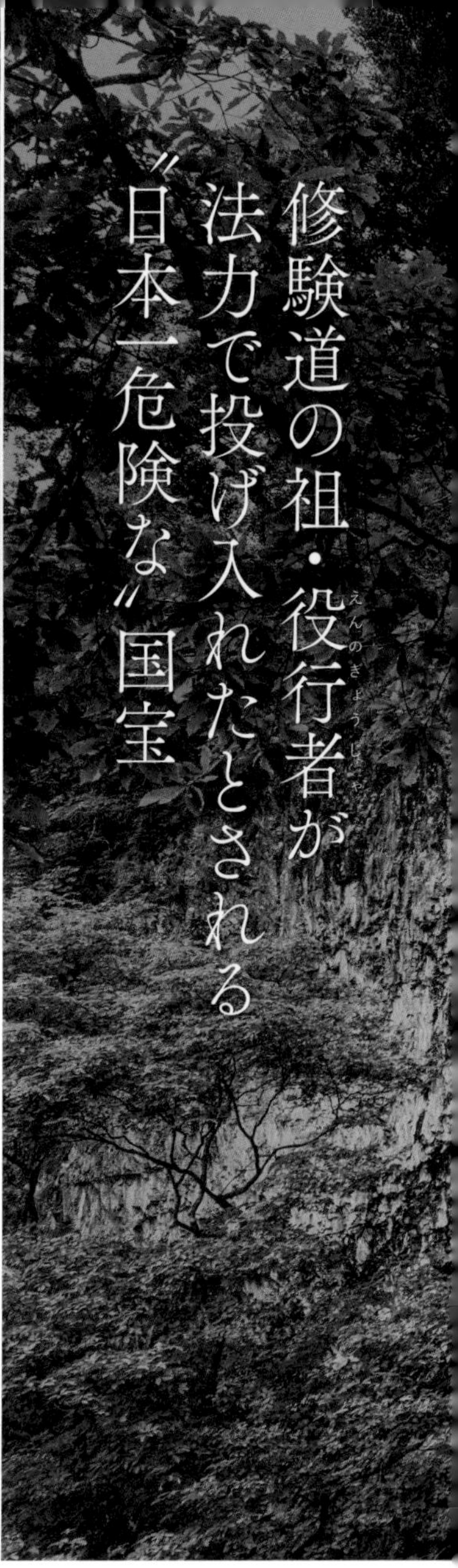

上）文殊堂（もんじゅどう）では手すりのない縁台を周回できる。眼下は断崖絶壁。座っているだけでスリリングな体験を味わえる。下）鐘楼堂（しょうろうどう）。吊り下げられた鐘は約2t。どう運んできたのだろうか

山そのものをご神体と捉える山岳信仰

日本では古来より、あらゆる存在に神が宿ると考え、平安時代には山そのものをご神体として崇敬する山岳信仰が盛んになった。そんな信仰を広めたのが、飛鳥～奈良時代の呪術者・役行《えんのぎょう》者《じゃ》である。

三朝町の三徳山三佛寺は役行者によって開かれたと伝わる寺院であり、古くから山岳信仰の聖地だった。役行者が大和葛城山で修行中、三つの蓮の花びらを散らし、落ちたのが奈良の吉野大峯山、伊予の石鎚山、そして伯耆の三徳山だったとされ、三徳山三佛寺を開山したという。

三佛寺の象徴といえば、奥の院の「投入堂《なげいれどう》」である。険しい岩肌の窪みに、懸造《かけづくり》のお堂が絶妙なバランスで収まっている。伝承では、役行者がふもとで組み上げた建物を法力で「エイヤッ」と投げ込んだという。実際の投入堂は平安時代後期の建立とされるが、その建立方法は謎に包まれ、人間を超越した力を感じずにはいられない。

投入堂へ通じる道は行者が歩いた修行の道

投入堂を間近で拝観するには、数多の修験者たちが歩いた行者道を進まなければならない。木の根を伝って、まるで這い上がるように進む場所もあるが、木の根を傷つけるスパイクがついた靴の使用は厳禁という。山そのものがご神体である三徳山は、そこに生えている植物も信仰対象の一部なのである。

途中にある文殊堂と地蔵堂は岩の上に建ち、舞台がせり出す懸造になっているが、これは岩自体を信仰の対象としている証しだ。数多の行者たちが歩いた道には、日本古来の信仰がいまも息づいていた。

投入堂に着く直前にある納経堂。小ぢんまりとしたお堂なので見逃しがちだが、平安時代の建築で希少。重要文化財

参考文献

『伯耆民談記』
松岡布政 著
『《新版県史》31.
鳥取県の歴史』
内藤正中／真田廣幸／
日置粂左ヱ門 編

COLUMN

後醍醐天皇の合戦の地

伯耆山嶺のひとつ・船上山

水墨画の風景のような優美な山容を見せる船上山は、
古くから山自体が信仰の対象にされ、後醍醐天皇が籠もった歴史も。

寛保2（1742）年にまとめられた『伯耆民談記』では、伯耆三嶺として、大山、美徳山（三徳山）、船上山と3つの山が挙げられている。いずれも当時の山岳信仰の中心であり、特に切り立った岩肌が特徴的な船上山は、かつて山上に多くの寺社があった。隠岐島に流された後醍醐天皇が元弘3（1333）年に脱出し、名和長年が迎え、山に匿ったことで知られるように。後醍醐天皇の行宮跡は史跡となっている。

S|P|O|T ―⑦

船上山

Data
せんじょうさん

所 東伯郡琴浦町山川
☎ 0858-52-1713
（琴浦町役場商工観光課）
MAP：P108 A-2

後醍醐天皇《ごだいごてんのう》

第96代天皇。政治改革に尽力し、鎌倉幕府打倒を図るも失敗。隠岐沖に流されたが、脱出して建武の中興に成功。そのきっかけとなったのが、名和長年に奉ぜられ、幕府軍に勝利を収めた船上山の戦いだった。

Keyword 4

近世以降の名建築

倉吉と聞いて思い浮かぶのが、白壁の町並み。その町並みはいかに形成され、守られたのか。さらに倉吉には各時代の先端をゆく建築も多い。建築をテーマに散策し、歴史に想いを馳せたい。

打吹城下に形成された町に多様な職業の人が暮らした

町家が建つ表通りと、土蔵が並び石橋が架かる玉川沿いの景観——。美しく歴史的な倉吉の町並みは、いつ頃形成されたのだろうか。明確な時期は特定されていないが、室町時代に山名氏によって築かれた打吹城の城下町が原型と伝わる。倉吉は鳥取、米子、岡山、津山など各地を結ぶ街道の結節点であり、江戸から明治・大正にかけて商工業都市として町は大いに賑わった。魚町、鍛冶町などの町名からも、様々な職業の人々が商いを営んでいたことがわかる。

昭和40（１９６５）年に玉川を改修する計画が出された際、町並み保存の声が住民側から上がった。その後、保存運動が盛んになり、平成10（１９９８）年には国選定の重要伝統的建造物群保存地区に選定されるに至った。

SPOT

白壁土蔵群

（倉吉市打吹玉川伝統的建造物群保存地区）

店舗が建ち並ぶ本町通りに対し、こちらは玉川沿いの町並み。土蔵の横を流れる玉川は、川幅約3mの人工河川。江戸時代に倉吉ではたびたび火災が起こったため、川を防火帯として活用する狙いがあったのだろうか。江戸時代から昭和初期に建てられた土蔵の出入り口には、緩やかな反りのある石橋が架かる。

Data

しらかべどぞうぐん
（くらよししうつぶきたまがわでんとうてきけんぞうぶつぐんほぞんちく）

所 倉吉市魚町、東仲町、西仲町周辺
☎ 0858-22-1200
（倉吉白壁土蔵群観光案内所）
MAP：P111 C-3

「淀屋」の屋号を称して財を築いた 倉吉を代表する商家の大豪邸

S | P | O | T ―⑨

旧牧田家住宅

（倉吉淀屋）

Data
きゅうまきたけじゅうたく（くらよしよどや）
所 倉吉市東岩倉町2280-3
☎ 0858-23-0165
営 9:00～17:00
休 年末年始
料 無料
MAP：P111 B-3

江戸

牧田家は「淀屋」を屋号と称し、倉吉有数の商家であった。三代目・五郎右衛門の四男が初代・淀屋清兵衛を名乗って大川町で商いを行った。また、七代目・仁右衛門は町年寄などの町役人を務め、俳諧や茶道もたしなむ趣味人でもあった。京阪神の文化人とも交流を持ったという。その住まいの主屋は「つし二階建て」で、宝暦10（1760）年に建てられたことが判明している。倉吉に残る商家の中では最古であり、市指定有形文化財となっている。

建築Data
建築年…宝暦10（1760）年（主屋）
大工……岩間武七
構造……木造

ココに注目！

右）主屋に接続して建つ付属屋の部屋は広く開放的な造りで、華美に走らず、洗練された上品な佇まいが特徴である。文化人だった家主の好みが表れた空間といえる。左）主屋は、柱や梁などの構造を支える木材が非常に太く、素朴で豪快な内部空間を生み出しているのが対照的だ

寛延年間（1748～1751）に描かれた絵図。中央に建つ大きな屋敷は陣屋。その周りに侍屋敷が広がり、玉川より北側には職人の町、南側には商人の町があった

「伯耆国倉吉侍屋敷町屋之絵図」（鳥取県立博物館所蔵）

建築早わかり年表

江戸時代初期	鳥取藩荒尾氏の陣屋町として整備される。
1688年	河本家住宅の主屋が完成。
1760年	旧牧田家住宅（倉吉淀屋）の主屋が完成。
1903年	山陰本線の駅として倉吉駅が開業。
1955年	倉吉市立明倫小学校（円型校舎）が竣工。
1956年	丹下健三の設計で倉吉市役所本庁舎が竣工。

藩政期の生活様式が偲ばれる 屈指の豪農が建てた茅葺き民家

S | P | O | T ―⑩

河本家住宅

Data
かわもとけじゅうたく
所 東伯郡琴浦町箆津393
☎ 0858-55-0498
営 10:00～16:00（電話予約にて見学可）
休 月～木曜
料 300円（20名以上の団体の場合1人250円）
MAP：P108 A-1

江戸

河本家が赤碕の地に移住したのは、元亀2（1571）年頃、出雲周辺で勢力を伸ばした戦国大名・尼子氏の重臣・河本弥兵衛隆任が、月山富田城の落城の際に落ち延びたのがきっかけ。その後、貞享5（1688）年に五代目当主の河本弥三右衛門が建てたのが、現在見られる茅葺きの主屋である。建築年が明らかな民家としては山陰地方で最古とされる。主屋の周囲には蔵が並び、豪農の暮らしぶりがうかがえる。

上）中に入って土間から天井を見上げると、自然のままに曲がりくねった梁が組み合わさり、大きな屋根を支えている迫力に圧倒されるはず。ほかにも、炊事場の上にある煙返しは防火設備として珍しいものだ。下）茅葺き屋根の巨大さに息をのむ、国指定重要文化財

ココに注目！

建築Data
建築年…貞享5（1688）年
設計者…不詳
構造……木造

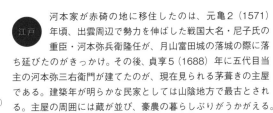

倉吉の代表的な実業家である 小川貞一による優雅な庭園と建築

建築Data
作庭年…大正末期～昭和初期
作庭者…巽武之助
構造……建築は木造、庭園は池泉回遊式庭園

S|P|O|T ──⑪

小川氏庭園 環翠園

Data
おがわしていえん かんすいえん
所 倉吉市河原町3030-12
☎ 0858-27-0190
営 9:30～17:00（要予約）
休 月～木曜
料 庭園散策の場合、大人500円、
中・高・大学生300円、小学生以下無料
南山荘入館（お抹茶付き）の場合、大人1,000円、
大学生以下500円
MAP：P111 A-3

ココに注目！

右）醸造業を行い、鳥取県の近代化にも貢献した小川家のおもてなしを追体験できる。左）国登録記念物・鳥取県指定名勝の環翠園は池を中心に構成され、園内を歩いて散策できる池泉回遊式庭園。もちろん散策しても楽しめるが、庭園の眺めを意識して建物が配置されている

昭和

環翠園は近代倉吉の代表的な実業家の一人で数奇者でもあった小川貞一が造らせた庭園である。小川家は広大な土地を有し、本通りに面した主屋（小川家住宅）の前庭、主屋と土蔵の間の中庭、そして鉢屋川沿いの環翠園がある。中でも環翠園は東西約32m、南北約40mの規模であり、倉吉随一の庭園。小川家住宅は明治中期から昭和初期に造られ、上質な木材を用い、当時の大工技術の粋を集めた建築。

Keyword ④

近世以降の名建築

明治以降、人口が急増 都市化が進む倉吉

明治以降、倉吉の人口は増加し、多様な建築が建てられた。環翠園を造り上げた小川家の住まいは明治以降に建てられた和風建築で、特に近代和風建築といわれる。一般的に和風建築は明治時代に衰退したと考えられがちだが、実態は逆で、江戸時代に高度に発達した大工の技術に加え、西洋の技術が導入されたことで傑出した日本建築が生まれることになった。小川家住宅はそんな代表例のひとつだ。

倉吉の人たちの先見性は鉄道の敷設にも見て取れる。製造業や商業が盛んだった倉吉の人々は鉄道の建設を求め、倉吉線の開業にこぎつけた。惜しくも廃線になったが、現在はフォトジェニックな名所として人気だ。

モダニズム建築の傑作が なんと2棟も倉吉に

装飾をなるべく排除し、主に合理性や機能美を追求した建築をモダニズム建築という。昭和初期の日本ではすでに流行が始まり、戦後に爆発的に普及した。

子どもたちの声が響いた円形校舎が フィギュアのミュージアムに変身

S|P|O|T ──⑫

円形劇場

くらよしフィギュアミュージアム

Data
えんけいげきじょうくらよしフィギュアミュージアム
所 倉吉市鍛冶町1-2971-2
☎ 0858-27-1200
営 9:00～17:00（7～9月は～18:00）
休 なし
料 常設展のみの場合、高校生以上1,000円、
小・中学生500円、小学生未満無料
MAP：P111 A-3

建築Data
建築年…昭和30（1955）年
設計者…坂本鹿名夫
構造……鉄筋コンクリート造

3

2

ココに注目！

1

4

1）鮮やかなオレンジの手すりやブルーの壁など、カラフルな螺旋階段は当時の色彩を再現したもの。戦後のモダンな感覚に脱帽。2）昭和30（1955）年頃の階段。3）扇形で光が差し込む教室。4）昭和51（1976）年に小学校が移転するまで校舎として使われたのち、公民館などに転用された

昭和

市立明倫小学校として昭和30（1955）年に建てられた、現存する日本最古の円形校舎。建築家の坂本鹿名夫が考案した円形校舎は中央に螺旋階段を設け、それを取り囲むように廊下と教室が配置されている。1階から3階までの各階に教室が5部屋あるが、教室内は担任に向かい弧を描くように机を並べていた。老朽化で一度は解体が決まるが、保存を求める市民の声を受け「円形劇場」として再生された。

鉄道の有用性に早くから着目した 倉吉の人々の先見性をいまに伝える

SPOT ⑬

旧国鉄倉吉線 廃線跡

Data
きゅうこくてつくらよしせんはいせんあと
所 倉吉市関金町泰久寺77-1
☎ 0858-24-5371（倉吉観光MICE協会）
MAP：P108 A-2

明治

倉吉駅は明治36（1903）年に山陰本線の駅として開業。市街地から離れた場所に位置するのは、鳥取から米子に線路を敷く際に、経費が抑えられる場所が選ばれたためという。しかし倉吉の人々は千歯扱きや絣を販売するため、より便利な鉄道がほしいと考え、山陽方面に連絡可能な路線を求めた。明治45（1912）年に念願の倉吉線が開業。後に山守駅まで延伸したが、昭和60（1985）年に廃線となった。

3

建築Data
開業年…明治45（1912）年
※昭和16（1941）年、
昭和33（1958）年延伸開業

ココに注目！

1

2

1）昭和47（1972）年の倉吉線。陸軍演習場への物資輸送のため、戦時中の昭和16（1941）年にも路線が延伸された。2）廃トンネルの中を散策できるのも貴重な体験。ひんやりした空気が漂う。3）線路の真ん中に竹が伸びているスポットは、現代では“SNS映え”する名所

そんなモダニズム建築の傑作が、倉吉市街地に残されている。

円形劇場は戦後に流行した〝円形校舎〟の筆頭格だ。最盛期には全国に100棟以上が造られたが、現存するものはわずかしかない。そのうち、円形劇場は現存最古といわれる。

戦後に活躍した日本人建築家の中で、もっとも重要な人物といえば丹下健三である。日本建築の水準を引き上げ、世界中で活躍したため〝世界のタンゲ〟と讃えられた。市民なら誰しもが知る倉吉市役所本庁舎は、そんな丹下の最初期の傑作だ。日本建築を彷彿とさせる柱や梁、民主主義を表現したという開放的な構成は、全国に先駆けて導入された斬新な庁舎だった。丹下はその後香川県庁舎など、大型のプロジェクトを次々に完成させていくが、その原点を感じられるのがこの庁舎なのである。

話を聞いた人
倉吉市文化財課
箕田拓郎さん

教育委員会文化財課で主任学芸員を務め、近世以降の倉吉の伝統的な町並みや歴史的建造物など全般に詳しい

戦後の民主主義を具現化した 市民のために開かれた庁舎

SPOT ⑭

倉吉市役所本庁舎

Data
くらよししやくしょほんちょうしゃ
所 倉吉市葵町722
☎ 0858-22-8111
開 8:30～17:15
休 土・日曜、祝日
MAP：P111 C-3

昭和

先代の倉吉町役場は昭和9（1934）年の室戸台風で浸水したのち、昭和27（1952）年に火災で焼失。倉吉町が倉吉市になると、規模に相応しい庁舎を求める声が高まった。このとき建築に造詣が深い大橋二郎市議会議員から、北条町に縁があった岸田日出刀の名が設計者として挙がり、岸田を通じて気鋭の建築家・丹下健三が設計を行うことに。高台に計画されたのは、浸水被害を免れる意図だともいわれる。

3

建築Data
建築年…昭和31（1956）年
設計者…丹下健三、岸田日出刀
構造……鉄筋コンクリート造

ココに注目！

1

1）コンクリート打ち放しの梁は、年月を重ねてまるで木造のような風合いが生まれている。2）階段の手すりは力強い造形。3）戦前の庁舎は権威の象徴のようなデザインが多かったが、倉吉市役所本庁舎はそうではなく、入り口が四方にある開かれた施設だ。国登録有形文化財

2

牛骨ラーメン学

鳥取中西部ではソウルフードだが、全国的には珍しい牛骨ラーメン。
その誕生からご当地グルメに至るまでは、様々な変遷があった！
この特異な地元の食文化を広める『鳥取牛骨応麺団』団長の
米田良順さんと共に、その歴史と背景を紐解いていこう。

写真＝加藤史人　文＝菅野貴之

松月系

お食事処 香味徳 赤碕店
香味徳 倉吉店

老舗系

すみれ飲食店
まさご屋
レストラン三日月
ラーメンいのよし

進化系

ラーメン幸雅
KIKKA
みささの味処 縁がわ
牛骨ラーメンたかうな
琴浦本店
ごっつおらーめん 倉吉本店
鳥取牛骨ラーメン 京ら
倉吉駅前店

Best of 倉吉 Chapter 3

僕らの

半世紀を超えて受け継がれる地元食が秘めたストーリー

古くから鳥取中西部の人々に愛され続ける牛骨ラーメン。その歴史は戦後に遡ると米田さんは語る。「1946年頃に米子で創業したラーメン店『満州味』が現存する最古の店で、店主は戦中の満州で覚えた味を持ち帰ったといわれています。その後、鳥取中部で牛骨ラーメンを広めたのが、1948年に倉吉で創業した『松月』。現在は廃業し、その味は『香味徳』が継承しています。また、米子の製麺所が麺を売るために中部で作り方を教えていたという話もあり、源流はひとつではないと思います」

さらに、このエリアではかねてより牛の生産が盛んで、江戸期には西日本最大の牛馬市もあった。そのため、廃材となる牛骨を活用していたことも、この食文化の発展に関与している。「昔はタダ同然で牛骨が手に入ったようで、専門店だけでなくうどん屋や喫茶店など、様々な店でラーメンが作られてきたことも、独自性となっています」

その後、地元では一般的な「中華そば」として長年親しまれてきたが、「牛骨ラーメン」と呼ばれるようになったのは、ここ十数年のこと。米田さんが所属する町おこしの団体で、地域の新たな名物を探していた際、とあるブログをきっかけに、牛骨を使ったラーメンが他県では珍しい逸品だと知る。そこで、改めてこれを豚骨ラーメンになぞらえ〝牛骨ラーメン〟と謳い、地域固有の食文化としてPRしようと、2009年に『鳥取牛骨ラーメン応麺団』を結成した。「団員で県内の店を片っ端から訪れ、歴史やこだわり、牛骨スープの作り方などを聞いて回りました。その情報を、ガイドブックやウェブサイトで発信すると徐々に認知され、いまでは地元が誇る名物となりました」

そこで今回の企画では、鳥取牛骨ラーメン文化をこよなく愛する米田さんが、12軒の名店を厳選。その系譜ごとに、各店の歴史と味を深堀りしていこう。

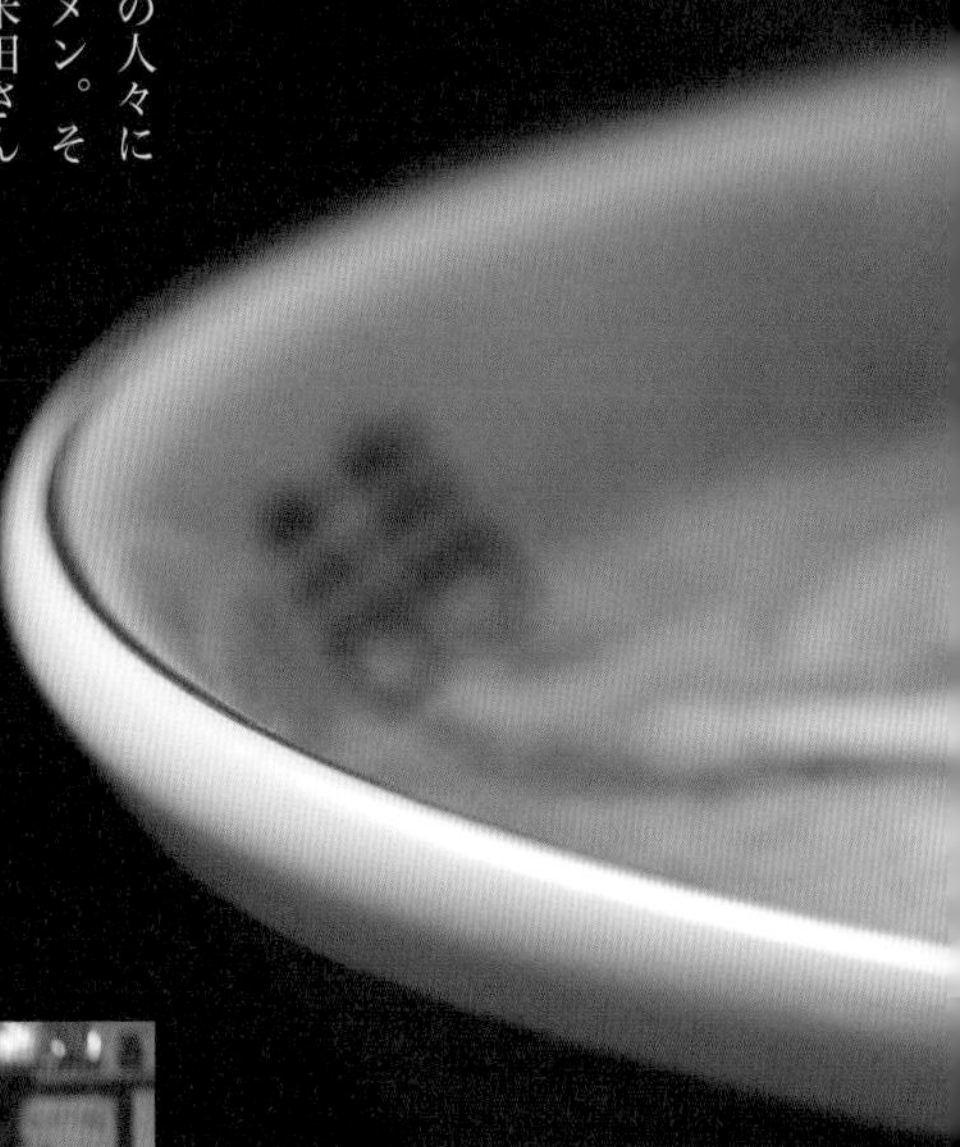

鳥取牛骨ラーメン応麺団 団長
米田良順さん

三徳山三佛寺の執事次長を務める傍ら、団員14名で県内各店の調査を敢行。メディアやイベントを通して、牛骨ラーメンの魅力を県内外に発信し、ご当地グルメとして全国区で知られる存在となった功労者

流れを汲むレジェンド店

松月系

Data
おしょくじどころ かみとく あかさきてん
所 東伯郡琴浦町赤碕1979
☎ 0858-55-0003
営 11:00 ～ 15:00（L.O.14:30）、
17:00 ～ 21:00（L.O.20:30）
休 月曜（祝日の場合は翌日休み）
URL https://kamitokuramen.com
MAP：P108 A-1

ラーメンデータ

スープの濃さ：　濃厚 •—•—●—•—• 淡麗
ベーススープ：大腿骨、ばら骨、キャベツ
タレ：淡口醤油、みりん、酒、砂糖が入るチャーシュー煮汁
具材：チャーシュー、メンマ、もやし、ナルト、青ネギ
製麺所：八ばせ屋

三位一体の旨さが
熱狂的な支持を集める
最高峰の一杯

米田ポイント

スープの透明感が美しい！ 牛骨ならではのコクが生かされながら、スッキリとした後味です

牛骨ラーメン 並
650円

ベースは地元『桶谷醤油』の淡口で、スープの透明度が美しい。牛骨感と旨味が際立つ塩味と脂のバランスが絶妙で、気付けばスープを完飲してしまう

“お食事処”と謳うだけにメニューが豊富。実はオムライスも隠れた名品で、人気が高い

お食事処 香味徳 赤碕店

@ 琴浦

1949年に創業し、ラーメンを提供し始めたのはその3年後。『松月』の店主は「中部料理飲食業組合」会長であり、役員だったこちらの初代・紙徳利夫さんとは懇意の仲。そのため、ラーメンの作り方を伝授されたという。急逝した初代に代わり、長男である武男さんが店を継いだのは20歳の頃。以来、64年にわたり店の味を守ってきた。あっさりだがコクのあるスープ、ほど良い茹で加減の麺、豚肩ロースのチャーシューをメインにしたシンプルな具材。これらが、良い意味でお互い主張せず引き立て合う。食べすすめるほどに旨さが増していき、最後のひと口でそれは最高潮に達する。それが老若男女を問わず多くの人に愛され、この味で育った人の熱狂的な支持を集める理由なのだ。

牛骨スープの上にさらに中華餡をかけた「ちゃんぽん麺 並（850円）」。海鮮や野菜、豚肉など9種類の具材がたっぷり

炒め野菜と豚肉にニンニク・ショウガでパンチを利かせた「味噌ラーメン 並（700円）」

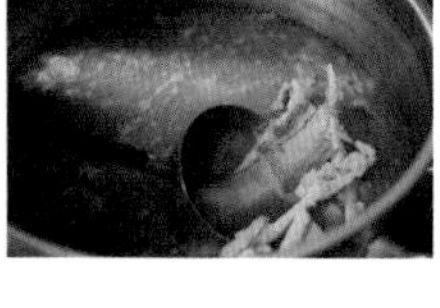

上）二代目・紙徳武男さんは84歳でいまも現役。下）あらかじめスープにタレを加えて味を馴染ませる手法は、老舗に多い特徴だ

牛骨の祖『松月』の

Data
かみとく くらよしてん
所 倉吉市山根538-2 松田店舗1F西
☎ 0858-48-1165
営 11:30 ~ 14:30、17:30 ~ 20:30
(売切次第終了)
休 水曜
MAP：P109 B-4

ラーメンデータ

スープの濃さ： 濃厚 ●—●—●—●—● 淡麗
ベーススープ：大腿骨、ばら骨、キャベツ、玉ネギ、青ネギ
タレ：淡口醤油、塩、砂糖などが入るチャーシュー煮汁
具材：チャーシュー、メンマ、もやし、ゆで玉子、青ネギ
製麺所：八ばせ屋

渾然一体となった
丸みのある味わいこそ
倉吉店の真骨頂

米田ポイント

スープがやさしく、飽きのこない味わい。牛骨スープを使うチャンポンメンも人気です

ラーメン
600円

麺は喉越し良く軟らかな茹で加減。スープは脂が控えめながら、ダシがしっかり感じられる。香りと甘みが穏やかで塩味に尖りがなく、まろやかさが格別

香味徳 倉吉店

@ 倉吉

かつて赤碕には『香味徳』が2軒あり、現在の赤碕店が代替わりした後、赤碕店の店主・武男さんの母が赤碕駅前に支店を開いた。紙徳家の三男・益男さんは、長く板前として働いた後、赤碕の両店で9年間家業を手伝う。兄の店では和食を、母の店ではラーメンを含む料理全般を手掛け、1992年に倉吉で独立した。同じ中部でも「赤碕は脂を好み、倉吉は嫌う人が多い」と益男さん。チャーシューをもも肉に変え、スープの脂もある程度を取り除き、焼き飯の炒め油などに使う。スープ作りも独自にこだわり、約8時間煮込んだ後にひと晩寝かせ、再度2時間加熱し継ぎ足すことで、まろやかな味に仕上げる。同じ屋号でもお客の好みで贔屓の店が異なる。それが牛骨ラーメンの奥深さの証だ。

鶏ガラと牛骨のスープを2対1で合わせ、素材の甘みを感じる「五目ラーメン（850円）」

塩・コショウのシンプルな味付けによって、牛脂の甘く芳ばしい香りが引き立つ「焼めしスープ付(650円)」

上）「ラーメン作りは兄ではなく母から学んだ」と店主・紙徳益男さん。いまは無き赤碕駅前店の味が源流にある。下）赤碕店と同じく、『桶谷醤油』の淡口で作るタレがベースだが、脂の量の違いなどでスープの印象が大きく異なる

すみれ飲食店

@ 琴浦

1950年代創業

「記録はありませんが、1950年代頃に先々代の祖父が食堂として創業した」と山根悟資さん。2001年から先代である父と共に約5年厨房に立ち、自身が店主となった際にラーメン専門店へと移行した。「父の他界後、脂を少なめにしたところ、常連さんから物足りないと指摘されました。現在はスープの製法や味付けは父が残したレシピ通りで、牛骨の量は増やしてより濃厚に仕上げています」。スープの仕込みは朝から夕方まで火を絶やさず、ひと晩寝かせて深みを出し、営業前に塩と『桶谷醤油』の濃口などで味を調える。色は濃いが味のベースは塩が主体となり、後味はスッキリ。その味を求めて多くの人が訪れ、閉店を待たずにスープが切れて完売となる日も多い繁盛店だ。

表面に浮かぶ脂の膜は濃厚な味を約束する美味しさの証左

米田ポイント

牛骨ラーメンへの愛情にあふれるご店主は、独自のスープ作りに真摯に取り組んでいます

ラーメン 並

650円

脂の甘みと香りが濃厚で、コクと旨味が強いスープは後味のキレも抜群。煮豚もオリジナリティがあり、歯応えの良い麺が徐々にスープの旨味を含む食感の変化も魅力

2

1

3

1）セルフ式のおでんは1品130円の均一価格。2）大山豚のばら肉を使った「チャーシュー麺 並(900円)」。ネギの増量は80円。3）おでんの出汁はカツオ節と昆布、しいたけを使った純和風

5

4

6

4）ラーメンの煮豚は肩やうでなど赤身中心の部位を使い、砂糖と醤油だけですき焼き風の味付けで煮込む。5）濃厚な旨味を生む多めの脂がスープに浮かび、熱々のまま最後まで食べられる。6）父の残した味を踏襲しながらも、そこに新たな魅力を加える店主の山根さん

Data

すみれいんしょくてん

所 東伯郡琴浦町浦安189

☎ 0858-52-2817

営 10:00 ～ 15:00 (L.O.14:45)
(売切次第終了)

休 水曜　**MAP：P108 A-2**

ラーメンデータ

スープの濃さ：　濃厚 ●—•—•—•—• 淡麗

ベーススープ：大腿骨、玉ネギ
（時期により長ネギ、ニンニクも使用）

タレ：濃口醤油、塩、酒、砂糖

具材：煮豚、メンマ、もやし、青ネギ

製麺所：岡本製麺所

半世紀にわたり人々を

澄んだ醤油スープの変らぬ味に秘められた決意と技法

上）店は夫婦で切り盛りし、仕込みや調理は主に妻・美恵子さんが担当。下）以前は鮮魚を売っていたスペースを現在は客席に改装。飲食物の持ち込みも可能で、弁当とラーメンを楽しむ常連客もいる

3

2

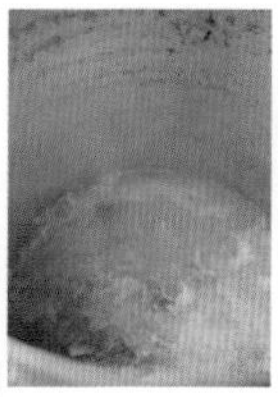

1

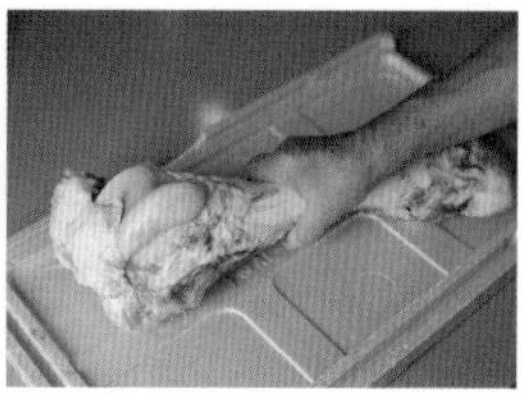

1）牛骨は先代から付き合う業者から仕入れる。2）スープは2～3日で使い切る。毎日4時間は火を入れ、淡麗系から徐々にコク深い味に変わる。3）かえしに使うチャーシューの漬け込みダレは『ヒガシマル醤油』の淡口を使用

チャーシューはスープで煮込んでから特製タレに漬けることで、ラーメンとの相性が高まる

Data
まさごや
所 倉吉市上井町2-244-2
☎ 0858-26-1207
営 11:00～14:00
休 なし
MAP：P109 A-3

米田ポイント

あっさり系ファンに支持を受ける高評価店ですが、ご夫婦の人柄良さも愛される理由です

牛骨ラーメン
550円

牛骨の香りと鶏の旨味が調和し、雑味のない旨味で後味もさっぱり。中太の縮れ麺は歯応えが良く、スープとよく絡む。郷愁を感じさせるシンプルでしみじみ旨い一杯だ

まさご屋

@ 倉吉

1960年代創業

「昔、倉吉で中国の人がラーメン作りを教える機会があり、そこで父が学んだそうです」と店主の中本曙美さん。戦艦「大和」の生還兵だった父が、この場所に仕出しと鮮魚の店を構えたのは1960年頃。その頃からメニューにはラーメンがあり、中本さんは父の仕込みや調理を手伝いながら作り方を学んできた。牛骨に鶏ガラも加えたスープでチャーシューを煮込む点など、他の老舗店にはない特徴がある。半世紀以上も変わらないその味は、いわば牛骨ラーメンの無形文化遺産。旨味の進化を追求するのではなく、昔からの作り方を頑なに守ってきた、毎日食べたくなる素朴でやさしい一杯だ。現在のメニューはこの一品のみ。そこに味を守ることへの覚悟と、確かな自信が窺い知れる。

ラーメンデータ

スープの濃さ：　濃厚 ●―●―●―●―● 淡麗
ベーススープ：大腿骨、鶏ガラ
タレ：淡口醤油、コショウなどが入るチャーシュー漬け込みダレ
具材：チャーシュー、メンマ、もやし、かまぼこ、青ネギ
製麺所：本岡製麺所

洋食と中華がクロスオーバーするジャンルレスな一軒

牛骨ラーメン

700円

透明感のあるスープは香味野菜と牛骨がマッチし、あっさりとしながらコクもあり後をひく味わい。歯触りのよい麺や具材とのバランスも秀逸で、飽きずに完食できる

米田ポイント

レストランならではの丁寧な仕事で、牛骨の良さを存分に引き出した味わいは唯一無二

レストラン三日月

@ 倉吉

1956年創業

店主・数元裕二さんの祖父が、こちらを創業したのは1956年。当初はラーメンやうどんを提供する食堂だったが、米子で洋食の修業をした父の代から、和・洋・中が揃うレストランに。炒め玉ネギたっぷりの軟らかなハンバーグが名物で、いまもこれを目当てに訪れるお客は多い。デミグラスソースにも使われる牛骨スープは、店の原点であり、味の礎となる存在。「毎日食べられる味」を追求し、牛骨の旨味と野菜の甘みが生み出す奥深さ、どんな料理にも合うクセのない味わいを両立。「親から子へ、そしてその子が大人になって来店しても変わらぬ味を提供したい」と語る数元さん。世代を問わない庶民の味と、店主の母の親身な接客。それを愛してやまない人々で、店は連日賑わっている。

右）スープは強火で煮出してアクを取り、その後、約20時間弱火にかけて仕込む。左）約30年厨房に立ち、先代に学んだ味を守る三代目の数元さん

1）熱々の鉄板で提供する「ハンバーグステーキ（1,480円）」には、サラダ、ライス、コーヒーまたはアイスが付く。鳥取県産の牛・豚の合挽き肉と、継ぎ足しで作るデミグラスソースが決め手。2）多くの観光客も訪れる地元の名店。3）牛骨ベースの中華餡がたっぷりとかかる、スープレススタイルの「チャンポン（980円）」

1

3　2

ラーメンデータ

スープの濃さ：　濃厚 ●—●—●—●—● 淡麗

ベーススープ：大腿骨、玉ネギ、長ネギ、ショウガ、ニンニク

タレ：淡口醤油のチャーシュー煮汁、みりんなど

具材：チャーシュー、メンマ、もやし、かまぼこ、青ネギ

製麺所：広見製麺所

店前には老舗らしいノスタルジックな食品サンプルが並ぶ。多くの人がこの店の味で育ち、伯桜鵬関も幼い頃から訪れているという

Data

レストランみかづき

所 倉吉市新町3-2334

☎ 0858-22-3586

営 11:00～14:30、17:30～21:30

休 火曜

f 倉吉 レストラン三日月

MAP：P111 B-3

ほろほろと軟らかく煮込まれた「牛スジ（500円）」。お酒のアテはもちろん、ご飯もすすむ甘辛い味わいが子どもにも人気

Data
ラーメンいのよし
所 倉吉市海田西町2-27
☎ 0858-24-5549
営 11:00～14:30（L.O.）、18:00～20:30（L.O.）、
土曜11:00～14:00（L.O.）、18:00～20:30（L.O.）、
日曜11:00～14:00（L.O.）、18:00～20:00（L.O.）
※火曜はランチのみ
休 水曜、第2火曜
MAP：P109 A-1

豆板醤のピリっとした辛味が食欲を刺激する「ピリ辛（しょうゆ）ラーメン（780円）」。塩や味噌ベース、辛さの段階も好みで選べる

牛骨に注ぐ情熱と探求心を黄金色のスープに変えた渾身の自信作

しょうゆラーメン

650円

スープの湯気と共にミルキーな香りが広がり、口にすれば甘い風味とガツンとくる牛骨感がたまらない。シンプルな具材が、スープの魅力をより一層引き立てている

米田ポイント
牛のコクと旨味が強く、風味豊かで華やかな味わいはエリア随一。タレとの相性も抜群です

1

3

2

1）スープの仕込みは丸1日を費やし、出来上がった後にさらにひと晩寝かせることで、味を馴染ませている。2）三朝町に店があった頃から、子ども、そして孫の世代まで通い続けるファンも多い。3）スープ研究に余念がない井之上さん

ラーメンいのよし

@ 倉吉

1969年創業

初代が米子の食堂でラーメンを出し始めたのは1962年。その7年後、三朝に移り屋号を『いのよし』と改めた。店は定かではないが、米子で出合った味に感激し、店主からレシピを学んだという。二代目がラーメン専門店として、倉吉に店を構えたのが28年前。初代と共に研究を重ねた秘伝のタレと、それを生かすスープも絶品だ。牛骨は煮込むほど旨味は出るが、同時に脂の風味は劣化する。それを防ぐため、上澄みの脂をすくいながら煮込み、最後に集めた脂をスープに合わせる。この技法を生み出したのが、三代目の井之上弘城さん。「店の味を守ることが使命」と謙遜するが、その味は着実に進化を遂げている。初代から変わらぬ飽くなき探究心。それが同店の絶大な人気を支えている。

ラーメンデータ

スープの濃さ：濃厚 ・●・・・ 淡麗
ベーススープ：大腿骨
タレ：濃口・淡口醤油などのチャーシューの煮汁
具材：チャーシュー、もやし、青ネギ
製麺所：広見製麺所

百花繚乱の個性が煌めく 進化系

ラーメン幸雅

@ 北栄

地元住民の行きつけとして必ず名前の挙がる人気店。店主の川崎雅樹さんは、脱サラして料理人に転身。5年間の板前修業の後、故郷の赤碕で同店の前身となる居酒屋『港雅』を開業。やがて好きが高じて独学で牛骨ラーメンを作り始め、研究の末に至極のレシピを生み出し、2008年に倉吉で専門店『ラーメン幸雅』を立ち上げた。代名詞でもある「なつ旨ラーメン」は、幼少期から慣れ親しんだ味の原体験を丁寧に再現。東京の『香味徳 銀座店』を営む紙徳真一さんとは旧知の仲で、かつてこの味を作り上げる際には助言を受けたという。一方、「なつ旨醤油ラーメン」は、居酒屋時代の味をブラッシュアップした一杯。同じスープでもガラリと変わる印象の違いを、ぜひ体験してほしい。

3

1

2

1）味の礎となる牛骨は鳥取県産を使用。2）営業中は常に火を入れ続け、3日間かけて旨味を抽出。すべてのスープにあらかじめ味付けし味を融和させる。3）妥協せず味を追求する店主の川崎さん。「なつ旨」には『桶谷醤油』を使っていたが、以前との味の変化を感じて『ヒガシマル醤油』の白醤油に切り替えた

Data
ラーメンこうが
所 東伯郡北栄町由良宿561
☎ 0858-37-5071
営 11:00～15:15、17:00～19:45
※月曜はランチのみ
休 火曜
HP https://ramenkouga.com
MAP：P108 A-2

店主の記憶に残るノスタルジックな味を丁寧に再現

右）「餃子（380円）」。あっさりと軽く何個でも食べられる。左）「なつ旨醤油ラーメン（700円）」は、3種類ブレンドした醤油の風味やコクを立たせたキレのある味わい

米田ポイント

『香味徳』の味に学び、さらに店主の研究で牛骨の風味高く仕上げた味がファンを魅了します

なつ旨ラーメン

700円

表面にキラキラと脂が浮かび、甘さや芳ばしさが鼻を抜ける。柔らかな塩味で後味はすっきりだが旨味も十分にあり、郷愁とともに洗練された印象を受ける

ラーメンデータ

スープの濃さ：　濃厚 ●―●―●―●―● 淡麗
ベーススープ：大腿骨、ばら骨
タレ：白醤油、塩、砂糖、みりんなど
具材：チャーシュー、メンマ、もやし、ナルト、長ネギ
製麺所：八ばせ屋

店主の想いを具現化した

KIKKA

@ 湯梨浜

昼は専門店、夜は酒と一品料理を味わいラーメンで〆られる。移転前から数えて牛骨ラーメンを作り続け28年。その味を支えるのは、和食料理人でもある店主の吉岡さんらしい丁寧な仕込みと繊細な技。多彩なアレンジメニューも創意工夫がなされ、完成度はどれも非常に高い。牛骨の濃厚な風味と味わいを引き出したスープの魅力に、和食のエッセンスを取り入れたセンスあふれる一杯が味わえる。

3

2

1

1）店主の吉岡学さん。2）スープは3日間かけて旨味を抽出。3）丸みのあるアンデス産の塩、野花梅の梅肉の爽やかな酸味がスープに溶け込んだ「牛骨ラーメン 塩梅（700円）」

濃厚スープを軽快な味に変える 非凡なセンスが光る

Data
キッカ
所 東伯郡湯梨浜町藤津512-1
☎ 0858-32-2633
営 12:00～15:00、17:00～20:00、
土・日曜11:00～15:00、17:00～20:00
※木曜はランチのみ
休 月曜
Kikka
MAP：P108 B-2

ラーメンデータ

スープの濃さ： 濃厚 ●—◉—●—●—● 淡麗
ベーススープ：大腿骨、ばら骨
タレ：淡口醤油、昆布など
具材：チャーシュー、メンマ、もやし、かまぼこ、青ネギ、白ごま
製麺所：八ばせ屋

牛骨ラーメン しょうゆ
700円

昆布などを漬け込んだ『楠城屋商店』の淡口醤油が味のベース。甘みやコクがあり重さは皆無。ゴマや八角風味のメンマ、炙りチャーシューなどの香りの多層感も素晴らしい

牛骨しょうゆラーメン
750円

スープはほかの一品料理にも使うため、牛骨感はやや控えめで鶏や豚の旨味が濃厚。そこにかえしの魚介系の旨味が加わる。麺はプリッとした食感で、牛骨ラーメンでは珍しい、シャキシャキのワカメもトッピング

右）店主の御舩孝義さん。左）毎日新しいスープを仕込み、12時間以上かけて弱火でじっくり旨味を抽出する

みささの味処 縁がわ

@ 三朝

町中華として愛されてきた『味処 華』から、移転に伴い屋号を改めた同店で、ラーメンに牛骨を使い始めたのは2010年頃から。当時、三朝では牛骨ラーメンを提供する店がなく、豚骨と鶏ガラのスープに牛骨を加えるようになった。かえしにも試行錯誤を重ね、倉吉の『桑田醤油』の濃口に昆布・いりこ・しいたけを漬け込み、継ぎ足しで使用。両者が織り成す味わいは、さながら旨味の多重奏だ。

しっかり辛い麻婆豆腐をのせた「縁がわタンメン（950円）」。野菜の甘みが溶け込むスープとも好相性

トリプルスープとかえしの 旨味の競演に心躍る

Data
みささのあじどころ えんがわ
所 東伯郡三朝町三朝890
☎ 0858-43-0006
営 11:30～14:00、17:30～21:00
休 火曜
engawa333
MAP：P108 B-3

ラーメンデータ

スープの濃さ： 濃厚 ●—●—◉—●—● 淡麗
ベーススープ：牛骨、豚骨、鶏ガラ、玉ネギ
タレ：濃口醤油、昆布、いりこ、しいたけ
具材：チャーシュー、メンマ、もやし、ワカメ、味玉、青ネギ
製麺所：広見製麺所

進化系

牛骨の求道者が生んだ 最後の一滴まで飲み干せる すっきり淡麗スープ

上）研究熱心な店主の山根武さん。下）「牛骨しょうゆつけ麺 並200g（980円）」のつけ汁は、魚介醤油ダレ×牛骨スープ。主役の麺はツルッと喉越しが良く、〆にスープで割ると牛骨感が倍増する

2

1

3

1）特注麺はラーメンは細麺、つけ麺は太麺を使用。卵不使用のためアレルギーフリー。2）チャーシューは炙ってから提供するひと手間が、高い完成度に繋がる。3）鳥取県産牛骨を20時間以上煮込み、旨味を最大限に抽出

ラーメンデータ

スープの濃さ：　濃厚 ●—●—●—●—● 淡麗
ベーススープ：大腿骨、ばら骨、長ネギ、ニンニク
タレ：淡口醤油（白醤油）、酒、みりん、砂糖など
具材：チャーシュー、メンマ、もやし、海苔、長ネギ
製麺所：麺工房あしたば（特注品）

牛骨ラーメン しょうゆ（極み白）

800円

強い塩味や脂に頼らず、厳選素材で丁寧に旨味を重ねた深みのある味わい。そのバランスはほど良く、最後の一滴まで完飲できる美味しさ。もやしやネギの食感がアクセントに

米田ポイント

麺の小麦の風味が豊かで、太麺はツルッと喉越し抜群。細麺はモチッとした官能的な食感です

牛骨ラーメンたかうな 琴浦本店

@ 琴浦

キャリア30年の店主が見せる、牛骨ラーメンに向ける愛情と真摯な姿勢。そして妥協のない素材選びと丁寧な仕事が、多くの支持を集める名店。伝統の味を守る店が多い中、常に研究を怠らず、同じメニューでも日々ブラッシュアップを重ね、“現時点で最高の一杯”を提供している。看板メニューの「極み白」は、澄んだスープの滋味深い旨味に、『杉川商店』の淡口醤油を使うかえしで輪郭を描く、クリアでキレのある味わい。麺の小麦の香り、大山豚の炙りチャーシューの香ばしさや脂の甘みなど、様々な味と香り、食感の要素がスープに彩りを与え、互いに引き立て合う完璧なバランス。また、牛骨の新たな可能性の探求にも余念がなく、つけ麺やまぜそばなどがある点も特徴だ。

上）これだけを注文するリピーターも多い「マヨネーズラーメン（800円）」。ジャンク感の一切ないクリーミーな味。下）店内には座敷席も用意

Data
ぎゅうこつラーメンたかうな ことうらほんてん
所 東伯郡琴浦町下伊勢527-6
☎ 0858-53-2550
営 11:00～14:30、
17:30～20:00（L.O.19:45）
※火から木曜はランチのみ
休 月曜（祝日の場合は昼のみ営業）
HP https://www.takauna.com
MAP：P108 A-2

ごっつおらーめん
倉吉本店

@ 倉吉

県内外に多数店舗を構える同グループの総本山。創業時から『ごっつお』の特徴である魚介の旨味は秘伝のタレに凝縮し、近年は県外のお客にも牛骨の魅力を伝えるべく、より牛骨感を強調したスープへと進化している。店の看板メニューでもある「ごっつおらーめん」は、1日100杯のみの限定品。自家製豆乳を使う「白」など全6種類の味があり、飲んだ後の〆にも行ける深夜営業も嬉しい。

2

1

3

1）旨味が濃厚な牛骨スープに、さらに鶏ガラで脂の甘みをプラスしている。2）店長代理の前田瑞希さん。3）1人前で450gのご飯を使用した「スープの雑炊（800円）」は、満足度も抜群

塩のキレと醤油のコクが融合し 牛骨の魅力が花開く

Data
ごっつおらーめん くらよしほんてん
所 倉吉市上井町1-370
☎ 0858-26-3813
営 11:00～14:00、18:00～翌2:00
※木曜はディナーのみ
休 月曜
HP https://gottsuo.jp
MAP：P109 B-3

ラーメンデータ

スープの濃さ：　濃厚 ●—●—⬤—●—● 淡麗
ベーススープ：大腿骨、鶏ガラ、玉ネギ、青ネギ、ニンニク
タレ：醤油・塩など
具材：チャーシュー、メンマ、キクラゲ、味玉、海苔、青ネギ
製麺所：本岡製麺所（特注品）

ごっつおらーめん
750円

牛の風味や脂の甘みに、鶏を加えて軽やかさと奥行きを生み出したシャープな味わい。水分でスープが薄まりがちなもやしではなく、キクラゲを使う点もこだわりが光る

〜〜

鳥取牛骨ラーメン 京ら
倉吉駅前店

@ 倉吉

牛・豚・鶏のスープと4種類の麺で、計16種類もの多彩なラーメンを提供する店のキャッチフレーズは、鳴き声を表す「モーブーコッコ」。牛骨ラーメンには20時間かけた黄金色のスープに、とろけるような食感の牛ばらチャーシューをトッピング。手間暇をかけ、牛骨の風味をとことん楽しめる牛づくしの逸品。その味を主力に多様な味の好みに応える店として、地域で愛されている。

1

2

3

1）牛骨スープには企業秘密の隠し味を加え、深みを持たせている。2）店長の石田真喜子さんと副店長の神田翔太さん。3）肉好きにはたまらない、丼からはみ出す「牛骨チャーシューめん（1,265円）」

牛骨ラーメン 牛すじトッピング
825円+440円

スープ表面を脂が覆い牛脂の甘みや香ばしさがしっかり感じられ、塩味がマイルドで飲み口は軽い。旨味の強い牛チャーシューはスープとの相性が良く、プルプルの牛すじとの食感の違いも楽しい

香り立つ怒涛の風味に悶絶する 牛のトリプルコンボ

ラーメンデータ

スープの濃さ：　濃厚 ●—●—⬤—●—● 淡麗
ベーススープ：大腿骨、ばら骨
タレ：塩ダレ
具材：牛チャーシュー、牛すじ、メンマ、もやし、長ネギ
製麺所：八ばせ屋

Data
とっとりぎゅうこつラーメン
きょうら くらよしえきまえてん
所 倉吉市山根583-2
☎ 0858-26-5055
営 11:00～20:00
休 なし
kyotoramen6300
MAP：P109 B-3

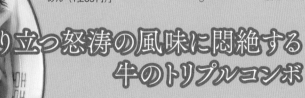

数々の名作が、倉吉に惚れた。

物語に描かれた倉吉

漫画や小説などにも倉吉の街並みは数多く登場している。「物語と倉吉」の観点から、作品の魅力を紐解こう。

写真＝野口祐一　文＝弥富文次

©PAPIER

写真は打吹公園通りから赤瓦五号館の道を入り、白壁土蔵群を東側から見た場所。写真と並べてみると、谷口ジローは絵の美しさを上げるため構図を工夫していることがわかる

Story_1

遥かな町へ

谷口ジロー 著

谷口ジローが倉吉を舞台に描く、人生の物語。主人公の実家は明倫地区にあるという設定で、魚町界隈や玉川沿いの風景も出てくる。また、山陰本線の上井駅（当時）や羽合の海水浴場の様子も見逃せない。そんな悠久の街の風景に惹きつけられるが、ストーリーも抜群に面白い。クライマックスである父の失踪の日に向けて、ページを捲る手が止まらなくなるはずだ。

『遥かな町へ
（谷口ジローコレクション）』
谷口ジロー著
（小学館／2021年）

48歳の会社員・中原博史は、出張帰りに立ち寄った郷里・倉吉で1963年にタイムスリップした。世界各国の漫画賞を受賞し、谷口ジローの名を世界に轟かせた代表作

©PAPIER

学生時代に戻った博史が学校一の美人・長瀬智子と旧本町通商店街を歩いている様子。商店街のアーケードは、2007年に撤去されて現在は存在しない

倉吉を舞台に描かれた3つの作品を紹介

白壁土蔵群を筆頭に、歴史の風情漂うスポットが数多く残る倉吉。山陰の魅力に魅せられた作家やクリエイターは、この地を舞台にした物語を作っている。そんな作品を紹介していこう。

まずは、言わずとしれた人気漫画家・谷口ジローの『遥かな町へ』。氏の名を世界に知らしめた名作だ。全体を貫いて漂うのは、どこかノスタルジックな雰囲気。消えてしまった過去がもう一度自分の眼前に現れ、いなくなってしまった父と母と、もう一度過ごす。そんな非現実的なタイムスリップも、なぜか倉吉が舞台だと自然に見えてくるから不思議だ。過去に戻るシーンは源善寺の墓地（モデルとなったのは満正寺。P082参照）

Story_3

ひなビタ♪

KONAMI

『ひなビタ♪』は2012年に始まった、WEBを中心に展開されている音楽配信企画。架空の地方都市「倉野川市」に住む5人の女の子たちが、寂れてしまった商店街を盛り上げるためガールズバンド「日向美ビタースイーツ♪」を結成する。しかしバンド活動で町を盛り上げるのは簡単ではない。商店街内部の対立や、地方創生における複雑な事情もあり……。彼女たちの奮闘は公式サイトやFacebook上のブログなどで発信されていく。

上）白壁土蔵群でガールズバンド「日向美ビタースイーツ♪」全員集合！　下）まり花とイブが訪れた銭湯「大社湯」。明治時代創業の老舗だったが2022年11月をもって閉店した

上）めうと凛がお出かけしたときのひとコマ。大蓮寺に続くノスタルジックな風景が美しい弁天参道。下）実際の写真はほぼイラストと変わらないアングルで撮影できる

伴子は何としても竜二と話したかった。現実にはかつての山守駅付近に電話ボックスは存在しない。写真は鳥取信用金庫倉吉支店前の電話ボックス

〝打吹《うつぶき》、西倉吉、小鴨《おがも》などという
見知らぬ駅名が小さな車輛《しゃりょう》の窓から過ぎた。
（中略）伴子は手帳を片手に
駅前の電話ボックスに入った。〟

Story_2

百円硬貨

松本清張 著

社会派推理小説の旗手でもある作家・松本清張による短編作品には、国鉄倉吉線（P045参照）が描かれている。竜二に大金を渡すため、倉吉までやってきた銀行員の村川伴子。やがて関金を通過し、山守駅で下車する。竜二に何としても連絡を取りたくなった彼女は電話ボックスを探し……。人間の感情の機微と弱さが描かれた作品だ。

『隠花の飾り』
松本清張著
（新潮文庫／1982年）

本作も収められた短編集。妻子ある男・竜二を好きになった伴子。竜二との結婚には、彼の妻に三千万円を渡す必要があった。伴子が取った行動とは――

が舞台となっているが、谷口ジローはここで飛んでいる蝶を描く。風に漂って羽ばたく蝶を見せていきながら、時間の流れが揺らぐ様子を読者に伝えていく……。説得力の強い描写も、歴史の息吹を感じる倉吉の地だからこそ成立すると言える。

次は松本清張の短編『百円硬貨』を紹介する。松本清張といえば〝怪物〟とも称せられ、純文学にはじまり歴史小説、推理小説などあらゆる分野でベストセラーを生み続けた戦後最大の人気作家。そんな彼の父親は日南町の出身で、清張自身も山陰に強い思い入れがあったという。この短編には、奥深い山陰の佇まいや周りの人々の視線によって、孤独と焦りを掻き立てられる人間の弱い心情が浮き彫りにされている。松本清張らしい、鋭利な作品だ。

最後は少し毛色が違うが、近年話題の『ひなビタ♪』を紹介。町おこしのためバンド活動を始めた5人の物語が、WEBのブログ形式と音楽配信で進んでいくという野心的な企画だが、着実にファンを獲得。誰でも読めるブログという点や、エッジの立った音楽、可愛いイラストなども相まって、2023年で開始11年目と人気コンテンツに成長した。彼女たちの毎日をブログで追えるのは没入感があって楽しい。ここで紹介した作品に触れ、登場した場所に出かけてみてはいかがだろう。

倉吉の"ジン"醸し人

全国屈指の酒処としても知られる、鳥取中部エリア。
この地で新たな価値を生み出した人や、
引き継いだ伝統を守るため進化を続ける人。
酒に捧げる情熱が、豊かな銘酒を育んでいる。

写真=加藤史人　文=菅野貴之

Best of 倉吉

Chapter 4

洋画家・前田寛治にゆかりのある『倉吉ワイナリー』の畑では、カベルネソーヴィニヨン、メルロー、シャルドネを栽培。日照量が十分あり砂丘地で水はけが良いため、糖度の高いブドウが育つ

一大ワイン産地の醸成を夢見る 県中部に誕生したワイン特区の立役者

倉吉ワイナリー @倉吉

代表取締役
今村憲治さん

商社や外資系企業に勤務後、全国からワイン造りに適した土地を選定し、京都から北栄町にIターン。約10年間のブドウ栽培を経て、2017年に『いまむらワイン&カンパニー』を設立。翌年に『倉吉ワイナリー』を創業

商社勤務時代、仕事で訪れたオハイオ州。そこで売りに出ていたとあるブドウ畑が、ワインを造る契機になったという今村憲治さん。「昔からワインが好きで、自ら栽培したブドウでワインを造ってみたいという想いにかられました」。畑は当時、約50万ドル。無理をすればその時手の届く価格だったが、その時は思い留まった。しかし、帰国後もその想いが頭から離れず、2008年に50歳で会社を辞め、京都から北栄町に移住。鳥取県立農業大学校で果樹生産を基礎から2年間学び、2011年から化学肥料や除草剤を用いないブドウ栽培を始めた。

委託醸造で初の商品化に至った2014年頃から、ワイナリー開設を目指し動き始めた。自社畑のある北栄町、〝カンパニー〟と呼ぶ契約農家の畑がある湯梨浜町、観光客にも人気の倉吉市。この一市二町をまたいで、行政へワイン特区申請を働きかけた。申請は困難を極めたが、2017年12月、ついに認可が下りる。翌年7月には白壁土蔵群にある築150年の町屋を改修し、ワイナリーを創業。念願でもあった、化石燃料を極力使わない、伝統的な手作業で醸造を行っている。

収穫や醸造を手伝うクリス・バンキャンペンさんは、今村さんの30年来の友人。ユタ州から倉吉に移住し、自らの畑でもシャルドネを育てている。「生産者の増加は、ワイン文化が根付いた証です。後に続く人のロールモデルになるよう、商業的な成功を目指しています」。そう語る今村さんは、この街が新たなワインの銘醸地として名を馳せる未来を、思い描いている。

中部に広がる北条砂丘が生んだ “とっとりの砂丘ワイン”

右）前田寛治の「J.C嬢の像」をラベルにした「実結 カベルネ・メルロー 2022（750㎖ 3,520円）」。スミレやラズベリーがやさしく香り、タンニンは緻密で酸味も程よく、果実感が濃厚な味わい。左）「伯州 シャルドネ2023（750㎖ 3,520円）」。柑橘系の酸味と果実味、ミネラル感が特徴の一本

Data
くらよしワイナリー
所 倉吉市西仲町2627
☎ 0858-27-1381
営 10:00～16:00
休 不定休
URL https://www.kurayoshi-winery.com/
MAP：P111 C-3

左）収獲時にはブドウの糖度・酸度も計測するが、最終的な判断は「自身の味覚」と今村さん。下）未熟な実や痛んだ実を取り除きながら、丁寧に手摘みする

1

2

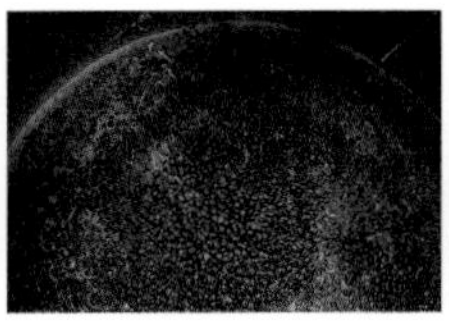

3

1）果汁のみを発酵させる白ワイン用品種は、破砕後にプレス機で搾汁する。2）赤ワイン用品種は、破砕後に実のすべてをタンクに移し、約2週間かけて主発酵を行う。3）手動の除梗破砕機で房から実だけを取り出し、軽く潰す

郷土の伝統と誇りを込めた クラフトビールが繋ぐ地域コミュニティ

BREW LAB @倉吉

代表取締役
福井恒美さん

東京の商社勤務後、2006年に49歳で倉吉に帰郷。移住者支援や地方創生事業に取り組む。2019年に『倉吉ビール』を設立。2020年8月にはパブ併設のクラフトビール醸造所『BREW LAB KURAYOSHI』を開業

東京から倉吉にUターン後、移住支援や地域コミュニティ再生を通して、街おこしに10年以上取り組んできた福井恒美さん。その活動を通じて知った、倉吉の初代名誉市民である磯野長蔵氏の功績。それがブルワリー設立のきっかけとなった。

「磯野さんは、実業家として『明治屋』や『キリンビール』の社長・会長を歴任し、事業で得た利益を倉吉市に還元するなど、この街に多大な貢献をされた方です。個人で行うボランティアは、私一人いなくなればついえてしまう。それならば、ビール醸造事業を立ち上げて、利益や雇用を生みだし、持続可能な地域貢献を行いたいと考えました」。そんな福井さんの想いから、〝100年続く事業を目指す〟という理念を、開業時から掲げ続けている。

右）白壁土蔵群でかつて医院を営んでいた、昭和20年代の外観を忠実に再現している。左）鳥取県産の大麦とブランド米を使った「星空エール（1パイント 1,250円）」。爽快感のあるライトな味でラガーのような切れ味もある

もうひとつの理念が、「伝統×新しさ」。地域にあるモノで、いままでにない価値を生み出すという意味を込めている。白壁土蔵群の中で長年空き家だった建物を、醸造所として再生したのも、その最たる例だ。

また、様々な地域の資源を副原料にできることも、クラフトビールの魅力だと福井さんは語る。定番はペールエール、ゴールデンエール、IPA、ブラックの4種類だが、『元帥酒造』の酒粕や『MY HONEY』のマヌカハニー、地場の特産品である「星空舞」や「野花梅」など、開業からわずか3年で多彩な地元コラボ商品を生みだし、地域の魅力発信に

Data
ブリューラボ クラヨシ
所 倉吉市東仲町2587
☎ 0858-27-1432
営 11:00 ～ 18:00 ※予約時は20:30まで営業
休 水曜、ほか不定休あり
URL https://brewlab-kurayoshi.jp/
MAP：P111 C-3

1）ホップとモルトは主に海外産だが、県産の大麦や生ホップを使ったビールも造る。2）500ℓの仕込み窯と発酵タンク4基で、週に1種類を仕込む。3）造りたての新鮮なまま瓶詰めされる。4）ビール好きが高じて会社員を辞め、業界のレジェンドである醸造家・丹羽智さんに師事した山下さん

4 | 3 | 2 | 1

も貢献している。

倉吉ビールの味わいには共通のテーマがある。「飲み疲れせず、次の一杯がほしくなる。普段クラフトビールを飲まない方も美味しいと感じられる飲みやすさを追求しています」と醸造長を務める山下真弦さん。

その昔、酒蔵は地域コミュニティの中核として機能していたが、現代ではブルワリーがそれを担っている。併設のパブに集う人々にビールだけでなく、コミュニティの場を提供しているのだ。「倉吉ビールは、人に寄り添うビール」と語る福井さん。ボランティアからビール造りへとカタチが変わっても、人の繋がりによって地域コミュニティを豊かにするという初志が、この一杯には込められている。

上）麦芽を飼料に育てた鶏の卵など、地場食材を取り入れた「本日の盛り合わせ（1,650円）」。下）チーズ、ブラックペッパー、バジルを練り込んだ「本日のソーセージ（880円）」

地元企業とのコラボビールで地域の魅力を発信

右）ドラフトで飲めるのは全国でこちらのみという「マヌカホワイトエール（R 1,100円）」。軽い飲み心地と花のフレーバーが感じられる。左）大吟醸の酒粕が副原料の「酒粕ブリュー（0.5PAINT 830円）」。酵母由来のクローブの香りやほのかなスパイシーさがあり、後味は日本酒のようなふくよかさも

コロナ禍にオープンしたこともあり、商品のWEB販売も展開。ビールを飲んで倉吉に興味を持ち、遠方から訪れる人もいたという

「郷土の伝統や誇りが詰まった最高のビールを造り続け、一人でも多くの人に届けたい」と福井さん。2023年3月には「星空エール」が農水大臣官房長賞に輝いた

C O L U M N

ブルワリー空白地帯でクラフト文化を支えた酒店

酒のたなか ＠北栄

Data
さけのたなか
所 東伯郡北栄町東園288-1
☎ 0858-37-3733
営 9:30～19:30
休 なし
URL https://www.sakeno-tanaka.com/
MAP：P108 A-2

『倉吉ビール』創業までブルワリーのなかった鳥取県中部で、『酒のたなか』は約10年前からクラフトビールを扱ってきた。「アメリカのブルックリンラガーを飲み、国産ビールとの違いに衝撃を受けました」と話すのは仕入れ担当の田中潤平さん。現在では国内外で約200種類と県内随一の品揃えを誇る。棚に並ぶのはアメリカをメインに、カナダやオーストラリアが7割以上を占め、残りが国内のブルワリー。「海外産はその国の食文化に根付いた味の面白さ、インパクトの強さが魅力です。国産ビールは海外との醸造技術の差もなくなり、個性的なビールが増え、流通面から鮮度という点でもおすすめです」

最旬クラフトビール3選

3　2　1

1）カナダ『ゴッドスピード』の「妥協（355mℓ 902円）」。キャラメルの香りとコーヒーの香ばしさを感じる、複雑で濃厚な味わい。2）神奈川県『パシフィックブリューイング』の「パシフィックIPA（350mℓ 770円）」。柑橘の果汁感と心地良い苦味、IPAならではの程よいボディ感が食中酒に最適。3）アメリカ『ニーディープ』の「ブレイキング バド（473mℓ 979円）」。強めの苦味やモルト感、クリアでドライな爽快感が魅力

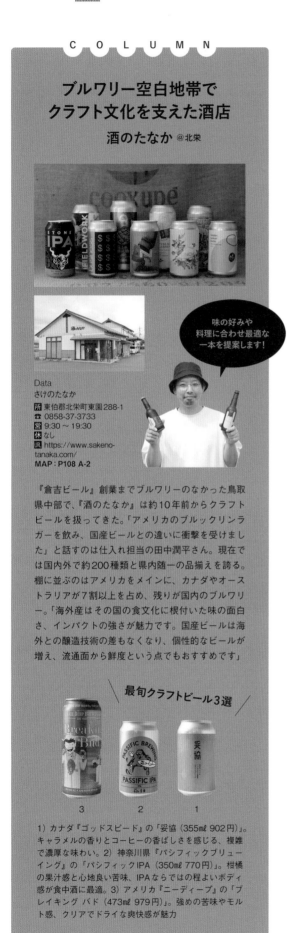

老舗酒蔵が紡ぐ“新たな歴史”

若い世代の日本酒離れが危惧される一方、地元の老舗酒蔵の伝統的な酒造りが、改めて評され始めている。
各蔵の得意分野が個性となって開花した、オンリーワンの銘酒をご紹介。

「酒は純米、燗ならなお良し」を体現する希有な蔵

梅津酒造 @北栄

小さな蔵はこだわりや特徴がなければ存在意義がない」と語る、当主の梅津史雅さん。全国の多くの蔵が、冷酒で飲む吟醸系をフラッグシップに掲げる中、“燗上がりする純米酒”という明確なコンセプトで酒造りを行っており、吟醸酒はほとんど造らない。また、「できたては半人前、うちの酒は寝かせてこそ味がのってくる」と新酒をほぼ扱わず、蔵で一定期間熟成させてから出荷する点も他にはない特徴だ。「純米酒こそ日本酒」という原点回帰の想いから、2005年度からは醸造用アルコールを添加せず、米と米麹だけで日本酒を醸す全量純米蔵となった。酒米をはじめ、果実酒や焼酎も地元産の原料を使用。素材の魅力を酒に落とし込むことを、すべての酒造りの基本軸としている。

1

生酛造りで米と米麹をすり潰す「山卸し」に使う木桶。濃厚で力強い酒質を目指して2007年から取り組んでおり、現在は約半分が生酛造りに

3

2

1）埼玉『神亀酒造』での修業を経て、2019年に六代目として蔵を継いだ梅津史雅さん。2）三代目蔵元が名付けた「冨玲」は、米国留学時に聞いた「フレー」が由来。四代目の頃は“富”の字をあてており、看板はその当時のもの。3）創業は慶応元（1865）年。現在の蔵は二代目の頃に建てられ、100年以上の歴史がある

素材をそのまま食べるような旨味の凝縮感が際立つ酒

右から、「良熟梅酒 野花（500㎖ 1,650円）」。甘いだけの梅酒とは一線を画す豊かな酸味や旨味。「柚子革命（500㎖ 1,650円）」。果汁を50%以上使用し、糖類無添加で柚子本来の香りと苦味が楽しめる。「冨玲 生酛仕込 山田錦60 27BY（1800㎖ 3,300円）」。ビターでドライな口当たり、シャープな酸味のある濃厚な旨口。温めると出汁感が出て食中酒にも最適

Data
うめつしゅぞう
所 東伯郡北栄町大谷1350
☎ 0858-37-2008
営 9:00～17:00
休 日曜、祝日、ほか土曜不定休
HP https://umetsu-sake.jp/
MAP：P108 A-1

米を磨いた酒造りに古くから取り組む先見性

元帥酒造 @倉吉

創業は嘉永元（1848）年。大正天皇が皇太子だった1907年、山陰地方行啓に海軍大将の東郷平八郎が随行した。倉吉で出合った献酒を大変気に入った東郷が、1913年に元帥となったことにあやかり、創業時からの酒銘「旭正宗」を「元帥」と改めた歴史をもつ。先代は大阪帝国大学で醸造学を学び、古くは全国酒類品評会で優等賞、名誉賞などに名を連ねたが、質より量を求めた1965年頃から、米を磨いた吟醸系の酒に力を注いできた。現在も伝統の手法を守りながら、国内外の品評会で数々の栄誉に輝いている。

3

2

1

酒米や精米歩合の異なる多種多様な吟醸酒を取り揃える

右）山田錦を35%まで精米し、吊るした搾り袋から自然に落ちてくる雫だけを集め、じっくりと低温熟成させた「大吟醸 元帥 斗瓶囲い（720㎖ 5,500円）」。香りのバランスが良く、爽やかな味わい。左）「純米吟醸 源蔵徳利 元帥（720㎖ 3,000円）」。精米歩合50%で柔らかな口当たり

1）「飲むと気持ちが和らぐ、喉も心も潤す酒を造りたい」と五代目蔵元の倉都祥行さん。2）酒米を蒸す際、全国でも珍しい昔ながらの木甑をいまも使い続けている。3）創業当初から白壁土蔵群の一角に本店を構える。醸造を行う酒蔵は車で約5分の場所にあり、事前予約制で見学も可能

Data
げんすいしゅぞう
所 倉吉市東仲町2573
☎ 0858-22-5020
営 8:30 ～ 17:30
休 なし
URL https://www.gensui.jp/
MAP：P111 C-3

温泉街から世界へ飛躍した独自性溢れる古酒の殿堂

藤井酒造 @三朝

三朝町の温泉街に唯一残る、寛文9（1669）年創業の酒蔵。地元で愛される銘酒「三朝正宗」を醸す一方、早くから日本酒の長期熟成に取り組んできた。フラッグシップの「白狼」は、ロンドンのIWCで2010、2011年に古酒部門の金賞を連続受賞。光を当てず一定温度で熟成することで、年数が経つほどカドが取れ、深い味わいとまろやかな口当たりの琥珀色の酒となる。また、近年は酒米・鳥姫を高精白したノンアルコールの甘酒も人気。地元の米と蔵の井戸水で、唯一無二の個性的な酒を造り上げている。

3

2

1

Data
ふじいしゅぞう
所 東伯郡三朝町三朝870-1
☎ 0858-43-0856
営 9:00 ～ 21:00
休 不定休
URL https://www.fujii-sake.co.jp/
MAP：P108 B-3

1）酒造りは機械に頼らず家族で行う。2）約1000坪の敷地で、樹々に護られるように蔵が佇む。酒造りに昔使われていた窯場の煙突を残す。3）古酒造りを始めたのは約45年前から。「古酒のノウハウは一朝一夕には育たない。積み上げた時間が味わいに繋がる」と14代目蔵元の藤井公典さん

時の流れが育んだ世界の古酒と酒蔵仕込みの贅沢な甘酒

右）18度のアルコールを感じさせない「三徳桜 1985年醸 純米吟醸常温熟成古酒（500㎖ 5,500円）」。複雑な香味とキャラメルにも似た甘さ、穏やかな酸味と苦味も心地良い。左）4割以上も米を磨き、純粋な米の甘みが味わえる「糀スイーツあまざけ（720㎖ 1,100円）」は、女性にも大人気

一天国!

**カレールウの消費量が上位を誇る鳥取県。
家カレーだけじゃなく、お店のカレーも美味しいんです!
カツがどどんとのった王道カレーから通向けのスパイスカレーまで
味良し、ボリューム良しのカレーを紹介します!**

写真=長谷川祐也／宮本信義
文=高橋さくら／福井晶

王道 Curry

チロリン村

倉吉

ツタに覆われた魅力的な外観。お店に入ると、開放感抜群の高い天井とレトロでお洒落なステンドグラスに圧倒される。元々は銀行として使用されていた場所を、喫茶店としてオープンさせたのは約40年前のこと。当時提供された料理といえば、サンドイッチなどの軽食程度だったというが、徐々にメニューが増え、気づけばランチに特化した飲食店へと変貌を遂げた。喫茶店だったとは思えないほどクオリティが高い料理の数々は、採算度外視のボリューム感。どれを食べても本格的で、あっという間にぺろりといけてしまう。「料理はまずは見た目が一番だから」、「ソースなど、自分に作れそうなものはなるべく作るように努力する」、「何を入れたら理想の味になるかよく考える」等々、料理に対しての姿勢を熱く語ってくれた店主の吉野精高さんだが、味を決めるのは「結局、愛情かな!」と笑顔で語る。当時から通い続ける人や、ふと思い出して、数年ぶりに訪れる人がいるのは、吉野さんのその味に惚れ込んでいるからだ。

Data
チロリンむら
所 倉吉市上井313
☎ 0858-26-4660
営 11:00 ～ 15:00
休 不定休
MAP：P109 A-3

「カレーライス（700円）」。野菜が溶け込んだルウには、スペイン産のイベリコ豚がゴロゴロと入っており、食べごたえ満点のひと皿。野菜の持つ甘みやトマトの酸味を感じた後にくる辛さが、クセになる味わい

**イベリコ豚入りのルウは
ボリューム満点、ご飯がすすむ!**

吉野さん手作りのバジルペーストは、唯一無二の自信作。ペーストだけで商品化もしている。「冷たいトマト・スパゲッティー（850円）」は、ハチミツをわずかに絡めたトマトがたっぷり

右）ワイン煮にしたイチジクと甘いブルーベリーを使った「フルーツ・サンド（750円）」は、意外にも甘すぎず、ほのかに香るワインで大人の味わい。左）創業から現在まで、二人三脚で営業を続けてきた吉野さん夫妻。何も話さなくても料理が手際よく仕上がっていく。二人の連係プレーに頼もしさを感じる

「毎日てんてこまいよ!」と笑顔で話すのは、奥さんの吉野静代さん。厨房などから時折聞こえてくる二人の笑い声に、ほっこりしてしまう

お店の雰囲気に合わせた絵画などが並び、落ち着いた空間。銀行だった頃は、中央にカウンターがあり、創業から数年はカウンター席として使用していたという

Best of 倉吉 Chapter 5

百花繚乱！カレー
Curry Paradise

上）20種類ほどのスパイスを調合して作るインドカレーは豊かな香りに個性が光る。下）玉ネギやトマト入りのアチャール。辛さを足すならぜひ赤い方を

右）店内の入り口には、オリジナルグッズやスパイスなどの販売も。左）カウンター５席とテーブル席を２卓用意。店のBGMはレコード店で働いていた政宏さんがセレクトする

「学生だったカップルが夫婦になって訪れることもあり、長く通ってくれるお客さんも多いです」と笑顔で話す石亀さん夫婦

Data
よながさろう
所 倉吉市西町2698
☎ 0858-22-2083
営 11:00～14:00（L.O.）
休 月・火曜
URL https://yonagasarou.com/
MAP：P111 B-3

スパイス Curry

夜長茶廊

倉吉

白壁土蔵群を少し歩くと見えてくるこちらのお店は、青と白のボーダー柄の雨よけが目印。もとは大正時代に作られたという、お店のレトロな扉を開けて中に入れば、レコードから流れるゆったりした音楽とともに、ほんのりスパイスの香りが漂ってくる。お店を営むのは、石亀政宏さんと綾子さん夫婦。倉吉出身の政宏さんが、コーヒーと音楽をセレクトし、千葉の有名店『印度料理シタール』で働いていた綾子さんが、カレーを提供する。ルウは大山バターや白バラ牛乳を使い、具材には鹿野地鶏や大原トマト、お米には「きぬむすめ」を使用するなど、地産の美味しさを生かしたカレー作りに励む。2022年の12月で10周年を迎え、県外からだけでなく、地元民も気軽に通えるお店として親しまれている。

白バラのヨーグルトと『大谷養蜂場』のハチミツを使ったインドのアイス「クルフィ（330円）」は、上にのせられたスパイスとナッツがアクセント

Spicy!

素材の旨味がギュッとつまった本格派インドカレー

チキンカレーとバターチキンカレーの「二種盛り（2,310円）」は、ラッサムスープか、はちみつヨーグルトが選べる。濃厚な「マンゴージュース（440円）」とぴったりだ

オリジナルグッズも人気

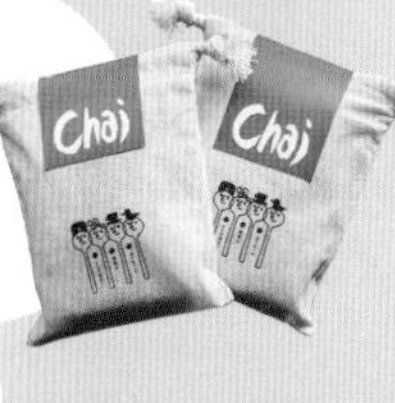

上）切り絵作家のYUYAさんがデザインした「手ぬぐい（各1,980円）」。下）茶葉とスパイス入りの「ChaiSET（1個880円）」は牛乳とショウガがあれば、家でもお店の味が楽しめる

石見麦酒謹製のオリジナルクラフトビール。右）麹とカルダモン入りの「YONAGA blanco（770円）」。左）「YONAGA IPA（770円）」

王道 Curry

市場食堂

倉吉

朝7時のオープンから閉店時間ギリギリまで、多くのお客で賑わいを見せるこちらの食堂は、店名の通り倉吉地方卸売市場内にある。450～800円というリーズナブルな単品メニューは、うどんや蕎麦、丼など、悩んでしまうレパートリー。手際よく料理を作り、注文番号を叫ぶ女性店員を見ているだけで元気をもらえる。「お昼にはほとんど席が埋まっていて。毎日いっぱいいっぱいなんですよ」と汗をふきながら笑って話すのは、三代目になったオーナーの下で、初代の頃から12年ほど働いている店長の原田深雪さん。この店を引っ張る、皆のお母さん的存在だ。当時からほとんど変わらないメニューだというが、「エビカツカレー(800円)」もそのひとつ。ルウの隠し味に、数日間煮込んだ牛骨スープを入れているのも、創業から変わらないレシピだ。美味しい料理の数々が、身体や心に活力を与えてくれる。

上）この日の「日替わり定食（850円）」はカレイの煮付け。から揚げ、天ぷらなどがメインになることも。下）「醤油ラーメン（600円）」は、牛骨のスープ。麺は創業から変わらず広島から仕入れているちぢれ麺を使用

上）良い香りが漂う店内。お惣菜はセルフサービス。料金は前払い制で、料理ができたら番号で呼ばれる。下）スタッフの一人、小田さん（左）は、店長の原田さんの娘と同い年だという。いつも頼もしさを感じていると笑顔で話す原田さん

Data

いちばしょくどう

所 倉吉市清谷町2-20

☎ 0858-26-7771

営 7:00～9:00、11:00～14:00、

※水曜はランチのみ

休 日曜、祝日

ichibasyokudo

MAP：P108 B-2

Standard!

早起きして食べたいカレー ナンバーワン！

ルウがたっぷりと入ったカレーは、にんにくがしっかり利いていて辛さは少しあるものの、中辛ほどで誰でも食べやすい味に仕上げている。カレー蕎麦やカレーうどんなどバリエーションも豊富で、カレー好きにはたまらない！

牛骨スープは、牛骨以外に鶏の首や豚の足なども入れて煮込んだもの。このスープのおかげで、出汁が利いた深みのあるルウに昇華する。『市場食堂』の変わりない味を守り続けているスープだ

2

1

Spicy!

3

1）3人の子どもを育てる、優しい笑顔が印象的な店主の池口さん。2）小川養鶏の卵を使って硬めに仕上げた「ラム香るプリン（660円）」や、ハーブのすっきり感が美味しい「エルダーフラワー（アイスで660円）」なども人気。3）テーブル席のほか、カウンターやソファ席も用意

農家が作り出す 野菜たっぷり健康カレー

見た目もキレイな「鳥取和牛の牛すじスパイスカレー（1,210円）」。付け合わせの野菜もたっぷりなのが嬉しい。ドレッシングも手作りで、3種類の野菜を使用した甘みある味だ

スパイス Curry

cafe no---ka

北栄

由良川を眺めながら、美味しいご飯やスイーツを楽しむのはいかがだろうか。2023年3月にオープンしたこちらのカフェは、農家を営む池口小春さんが店主。自家の野菜や知り合いの農家、農大生が作った野菜などを、無駄がないように上手に調理した美味しいカフェメニューが並んでいる。人気のカレーは、食べることが好きで独学で作り方を学んだという、池口さんの自慢の逸品。7種類のスパイスをブレンドして作った本格的なカレーは、深い旨味がありつつも甘口なので、子どもでも心配なく食べられる。

Data
カフェ ノーカ
所 東伯郡北栄町由良宿478-13 1F
☎ 080-3448-7227
営 10:00～17:00、土・日曜、祝日8:00～
休 不定休※SNSで要確認
cafe no---ka
MAP：P108 A-2

Data
カカラ
所 倉吉市関金町安歩81-1
☎ 0858-45-6060
営 11:00～17:00
休 日・月曜
URL https://cacala.jp/
MAP：P108 A-2

店主の本田淳子さんが焼いたパン。試行錯誤して作ったハード系のパンは、ランチだけでなくテイクアウトにも人気だとか。噛めば噛むほど美味しい

スパイス Curry

Cacala

倉吉

「倉吉がビビッときたんです！」と語るのは、関西から移住し、自然あふれるこの地でお店をオープンさせた、本田さん夫妻。手作りのパンを使ったランチと自家焙煎コーヒーを中心に提供し、2023年の11月で3年目を迎えた。自家製酵母のパンも深煎りのコーヒーももちろん美味しいが、ぜひ食べてもらいたいのがカレーだ。深い旨味の後にじんわり辛さが利いてくるのは、スパイスを10種類ほど使用しているからこそ。即席ではなく丁寧に手作りしたものを食べてほしいという二人の熱い想いが伝わる。

Spicy!

スパイスの辛さがクセになる 彩り鮮やかなひと皿

さつまいものサラダやオクラのサブジーが盛り付けられた、「スパイスキーマカレー（サラダ付き1,050円）」。じんわり辛味が押し寄せてくる

1）キーマに使う肉は倉吉『ミートハウスしょうじ』のもの。付け合わせに自家栽培した野菜を使うことも。2）コーヒーは店主の本田知典さんが自ら焙煎した、ブラジルやコロンビアなど、5種類の豆を使用。深煎りの香り高い味わい。3）厨房でも仲睦まじい様子が見られた、本田さん夫妻

3

2

1

Standard!

手間暇かけて作られたルウは 他では味わえない、店の命

王道 Curry

てけてけ

倉吉

「コストなんか考えないからね、この人は」と笑うのは、店主・黒川泰三さんの奥様、ひろみさん。洋食店としてこの店をオープンさせたのは2001年のこと。徐々にカレーに特化したお店へと変化した。カレー作りは独学だと話す黒川さんだが、使う食材にこだわり、10日間かけて作り上げる渾身の逸品。「利益より味の良さだね。こういう店、少ないでしょ」と笑う黒川さん。昔ほど体力がないと言うが、カレーを混ぜるその手にはいつも力が入る。

上）鳥取県産の野菜を、カレー粉と牛すじ、鶏ガラのスープで煮込み、ルウが完成する。下）焙煎したカレー粉を使って深みある味に仕上げ、ワンランク上のカレーに

「カツCURRY（オム追加で1,200円）」は、軟らかく煮込まれた鳥取和牛入りで、ちょうど良い辛さのルウ。目玉焼きやトロトロの玉子（オム）を追加すれば、クリーミーさが増す。ルウの追加は無料

右）店主の泰三さんをイメージして作ってもらったという置物。お店の入り口で出迎えてくれる。左）イカフライがたっぷりのった「甲イカのゲソフライCURRY（950円）」

Data
てけてけ
所 倉吉市駄経寺町198-2
倉吉パークスクエア食彩館
☎ 0858-22-6500
営 11:00～14:00
※売切次第終了
休 月・木曜
MAP：P110 E-3

王道 Curry

レストラン　グレイン

琴浦

「元祖アゴカツカレー」と書かれた外観がインパクト大の洋食店は、1999年に創業。地元住民が日常からお祝いごとなどで集う人気店だ。看板メニューの「アゴカツカレー（865円）」は、それまで有名だった「アゴちくわ」を超えるような、町の活性化を目指して考案したメニューだそう。「地元の食材で、地元ならではのものを提供できたら」と語る店主の小谷浩之さん。奥様の京子さんと仲良く、今日も地元愛あふれる逸品を提供する。

Data
レストラン　グレイン
所 東伯郡琴浦町八橋392-2
☎ 0858-52-1211
営 11:00～15:00（L.O:14:30）、
17:30～21:00（L.O.20:30）
休 水曜
MAP：P108 A-1

人気の「生うにスパゲッティー（サラダ付き1,020円）」。濃厚なウニとパスタをからませていただこう

右）常連客からもらった写真や絵が飾られている店内。地元住民に愛されている様子が伝わってくる。左）店主の小谷浩之さん・京子さん夫妻。自然豊かなこの場所が好きだと話す

下）7～8種類の野菜を、ルウに溶け込むまで煮込んだ。地産のミニトマトやブロッコリーを添えて鮮やかに。左）カツは店の近くにある、『あぶい蒲鉾』のものを使用

Standard!

視覚からそそられる！ 口当たりがライトなカツカレー

Spicy!

まろやかでスパイス香るルウは熱々のナンがベストマッチ!

1

3

2

1) おすすめの「バターチキンカレー（1,100円）」。上にのっているココナッツがほんのり甘く、アクセントに。2)「チキンカレー（900円）」。カレーは甘口から激辛まで5段階から選べる。3) もっちり食感のナンは、甘い香りと、窯で焼き上げたことによる香ばしさが食欲を誘う

右) 甘めのチーズがトロっととろける「チーズナン（550円）」は、辛めのカレーと相性が良い。左) 隠れた人気を誇る「ビリヤニ（1,200円）」は、バスマティライスを使用。タンドリーチキンがゴロッと入った人気メニュー

スパイス Curry カタリボーイ

倉吉

Data
カタリボーイ
所 倉吉市上井町2-1-1
☎ 0858-48-1270
営 11:00～15:00（L.O.14:30）、17:00～22:00（L.O.21:30）
休 なし
MAP：P109 B-3

カラフルにペイントされたポップな店内。テーブル席のほかにカウンターもあるので、一人ランチも気軽だ

倉吉駅前に、本格的なインドカレーが食べられると話題のお店がある。お店のキャラクターがデザインされたポップなドアを開けて中に入れば、店長のダン・シーンさんが笑顔で迎えてくれる。出身地のインドでも飲食店で働いていたダンさんが作るカレーは、12種類のスパイスと一緒に、地元のトマトや玉ネギを使用して、食べやすくアレンジ。練炭入りの窯で焼き上げた、香ばしいナンと一緒に食べれば、インドの街並みが浮かんでくるようだ。

スパイス Curry 薬膳食堂 犬挟

倉吉

このお店では、名産が味わえる食堂でありながら、薬膳に基づいた定食やスパイスカレーが食べられる。薬膳カレーに使う食材は、土地に根差したものをセレクト。肉や野菜を3日以上煮込み、12種類以上のスパイスで仕上げる。辛さはあるがパンチは控えめ、さらりと口に馴染む味わいで、身体の底から温めてくれる。店主の楠本さんは倉吉の自然や文化を生かしつつ、薬膳を広める活動も行っており、薬膳を学びに訪れるお客も多い。

1

2

Spicy!

3日煮込んだ滋味深いルウはスパイシーながら身体に馴染む!

Data
やくぜんしょくどう いぬばさり
所 倉吉市関金町山口2030-46
☎ 0858-45-1314
営 11:00～15:00※12月～3月は14:00まで（土・日曜は14:30まで）
休 年末年始
URL https://inubasari.sekigane.com/
MAP：P108 A-3

自然に囲まれた『道の駅 犬挟』の一角にあり、深呼吸したくなる立地。広々とした店内で、晴れていればテラス席の利用もおすすめ

3

1) 定番メニューの「薬膳カレー（820円）」。2) 笑顔の店主・楠本博文さん。3) 季節で変わる「夏の陰陽薬膳ランチ（1,300円）」は、クルミとカボチャのコロッケや冬瓜と豚バラの煮物など、約5～7品がつく。「食を薬とし、ご自身の身体に合わせて何を食べるか考える参考になれば」と楠本さん

強 個性派喫茶をめぐる 推しポイント

倉吉とその周辺には、そこかしこに喫茶店が点在しているが、そのどれもが個性に溢れていて、贔屓にしたくなる要素がいっぱい。それぞれ、強めのキーワードとともに紹介していこう。

写真＝加藤史人／辻 嵩裕
文＝稲元孝子

上）「プリン（572円）」はスプーンを入れると硬めだが、舌触りはトロ～リ。もりもりの生クリームにカラメルソースがかかり、お菓子の「エリーゼ」を添えている。下）ドアを開けると昭和の世界へ。懐かしい雑貨や漫画が飾られた、入り口横のオブジェ的なカウンター

Data
きっさモダン
所 倉吉市大正町1075-52
☎ 0858-24-6885
営 11:00～22:00、土・日曜、祝日
11:00～15:00、17:00～22:00（L.O.各60分前）
休 水曜、第3火曜　modern.maniac
MAP：P111 C-2

レトロ&ポップが大集結の昭和へタイムスリップ！

白壁土蔵群エリアの銀座商店街通りでひと際異彩を放つ、昭和レトロが満載の『喫茶モダン』。店主の大口さんがもともと趣味でコレクションしていた、昭和40～50年代を中心とした雑貨がギューギューに詰まった、まるでプチテーマパークのような喫茶店だ。タイムマシーンから飛び出したような店内には、莫大な数の生活雑貨やレコード、本などが所狭しと並ぶ。

「昔、実家をリフォームしたときに古いものを全部処分して、家具や家電を一新したんです。それが黒とか白とか無機質なデ

ノスタルジックなカウンター席。クリームソーダなどのフロート類や、各種サントリーウイスキーなど、昭和のイメージの飲み物も揃う

鳥取和牛のすじ肉が舌の上でとろける「牛スジラーメン（825円）」。スープは名物のおでん出汁に地元のヒシクラ醤油を加えた、しっかり濃いめの味。おでん出汁が染みた硬ゆで玉子も味わい深い。ニンニクチャージは無料

上）築約70年の建物は、入り口から奥の倉庫まで約30mと細長い造り。店内はテーブル席とカウンターで20席あり、両サイドの棚には無数の昔懐かしい品がずらり。下）入り口付近の販売コーナーでは雑貨などの購入も可能

推しポイント 1

おもちゃ箱のような店内に漂う 優しい出汁の香り。

喫茶モダン ◆◆◆◆ @倉吉

ザインが多くて、なんか寂しいなと思っていて。それで大人になって昭和レトロな雑貨を集めるうちに、どんどんのめり込んでいきました」

店の雰囲気をさらに盛り上げているのが、BGMの昭和歌謡。レコードは常連客が徐々に持ち寄るようになり、ほとんどが寄付で集まったという。

もちろん雑貨だけでなく、料理にも徹底したこだわりが。ここではハヤシソースやラーメンなどの隠し味に自家製おでんの出汁を使い、独自の味わいを生み出している。中でも自信作は、試行錯誤の末にたどり着いたハヤシソース。ひと口食べるごとにおでん出汁が遠くで香る、ほかにはない唯一無二の味だ。ハヤシライス通の常連客も深く頷くほど、奥行きのある味わいに仕上がった。

これらの味のベースとなる店自慢のおでんは、カツオ節や地元の醤油などで出汁を作り、大根や練り物などの旨味が溶け込んだ極上品。「おでん盛り（748円）」は一年中いただけるが、とくに秋冬は種類が充実。喫茶店ながらアルコール類も揃っているので、昭和に思いを馳せながらゆっくりと味わおう。

玉子と牛スジがトロトロの「オムハヤシ（1,045円）」。これも隠し味はおでんの出汁。ひと口頬張ると微かにおでんの風味を感じる、和と洋が調和したハヤシソース

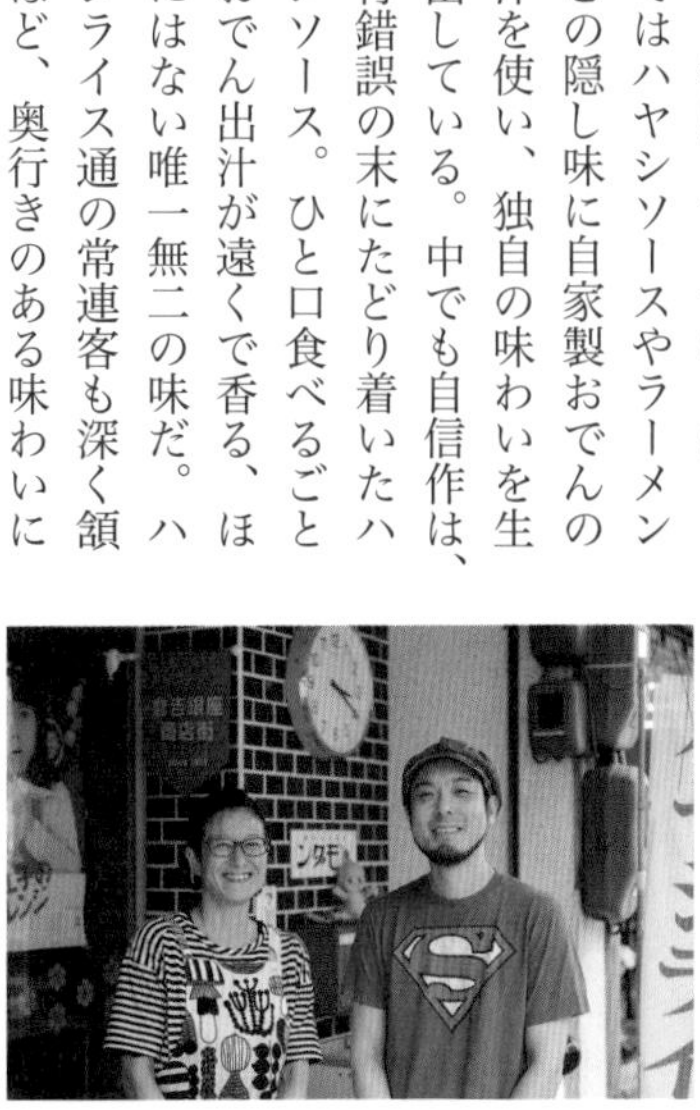

大口義敬さん・徳子さん夫妻。以前は倉吉駅近くで雑貨店を営んでいたが、8年前に念願の飲食と雑貨を融合した店を現在の場所にオープン

推しポイント 2

カレーもパフェもモーニングも なにしろ ちくわ 推しなもんで。

ティーラウンジ ダイアナ ◆◆◆◆ @倉吉

海外からもファンが訪れる 謎の「ちくわパフェ」とは⁉

　昭和59（1984）年の創業から約40年間、多くの地元民が通い集う喫茶店。最近では人気のキャラクターゲームコンテンツ『ひなビタ♪』に登場するメニューが食べられると、聖地巡礼の店としても話題に。そのメニューが、名前も見た目もインパクト大の「ちくわパフェ」だ。海外からも『ひなビタ♪』ファンが食べに訪れるというパフェは、その名の通り、大胆にもパフェに本物のちくわがのっている。ちくわは鳥取県のソウルフード。豆腐7割、白身魚のすり身3割で作られる鳥取のちくわは、魚の匂いが強すぎず、ふんわりとした食感がパフェのクリームとも馴染みやすい。そのためか想像よりも違和感はなく、甘さに塩味が加わった摩訶不思議なデザートに。

　スイーツのみならず、モーニングやランチなど、長年地元の人々の胃袋を満たしてきた料理もおすすめだ。その中でも注目したいのが、茶碗蒸し付きのモーニングセット。鳥取名物らしく茶碗蒸しには春雨が入っているので、朝からお腹もしっかり満たされそうだ。モーニングは朝10時半までだが、祝祭日は11時まで提供している。

　昭和レトロな喫茶店の趣をもつ店内では、寒い時期は薪ストーブが焚かれる。自家焙煎にこだわって丁寧に淹れる、ブレンドやエスプレッソなどのコーヒーをすすりながら、身も心もじんわりと温めたい。

トーストをはじめ、アツアツの茶碗蒸しや味噌汁、飲み物などがセットになった「ほっとなモーニング（550円）」

右）薪ストーブの横にあるロッキングチェアは癒しの特等席。左）シックな椅子やシャンデリアが、昔ながらの喫茶店らしさを感じる

「めうちゃんのオムカレー（1,100円）」はサラダ付き。鶏肉とキノコのホワイトカレーが、野菜のビーツピューレで鮮やかなピンクに

自ら「ちくパおじさん」と名乗るほど、ちくわパフェなどの個性派メニューに力を注ぐ、店主の山根正勝さん。今後も変わり種メニューを考案予定だとか

推しキャラにより、ちくわの色が選べる「ちくわパフェ（700円）」。アイスの下には、杏仁豆腐やコーンフレーク、メロンシロップが潜む

Data
ティーラウンジ　ダイアナ
所 倉吉市米田町801
☎ 0858-22-1234
営 8:30～20:00（L.O.19:30）
※モーニングは～10:30、
ランチは11:00～なくなり次第終了
休 日曜
MAP：P110 F-4

Data
ひろか
所 東伯郡琴浦町徳万282
☎ 0858-53-2938
営 9:00～18:00、日曜、祝日10:00～（L.O.17:00、ディナーコース予約の場合は～21:00）
休 水曜
MAP：P108 A-1

右）サラダ、パン、飲み物付きの「シチューグラタンセット（1,280円）」は、秋冬（10～2月頃）の毎週火曜限定メニュー。ほんのり甘いクロワッサンとシチューのほどよい塩味で、甘じょっぱさがクセになる。左）明るい店内は22席。外観は喫茶店らしいが、中に入ると洋食レストラン風

推しポイント 3

喫茶店とは思えないハイパークオリティ

絶品エビフライを味わう。

宏香 ◆◆◆◆ @琴浦

上）「アッサムティー（500円）」などの紅茶は、ティープレスで提供。香り高いダージリンやアールグレイもある。下）店主の戸田泰子さん（右）と、スタッフの入江千恵さん

喫茶メニューを超越した
ハイレレベルな洋食を堪能

1994年にオープンした喫茶店。スタート当初は飲み物と喫茶メニュー中心の店だったが、次第に料理にもこだわるようになり、洋食メニューが充実した店へシフト。探究心が強い店主の戸田さんは、有名シェフの動画などを参考に、新しい調理方法やアイデアを取り入れながら、徐々に本格料理のメニューを増やしていった。

特にエビフライのクオリティがすごい。エビは淡水養殖ではなく、味が良いとされる海水養殖のものを使い、インドやインドネシア産など、その時期によって状態の良いものを選ぶ。さらに、徹底した下処理も美味しさの秘訣。エビを捌いた後に塩と酒で洗い、汚れなどを丁寧に取り除く。そのため泥臭さがなく、豊かな風味と甘みが際立つエビフライに仕上がるのだ。長さ15センチ以上あるエビフライは、太く弾力があり、食べ応えも十分だ。濃厚でクリーミーな自家製タルタルソースをたっぷりつけていただこう。

自慢のもう一品は秋冬限定の「シチューグラタン」。ホワイトソースから手作りしてコトコト煮込むクリームシチューは、低温で火を入れた鶏肉をはじめ、キャベツやジャガイモ、ニンジンなどが入る。旨味と甘みが溶け込んだシチューにチーズをのせて焼き上げたら完成。セットのクロワッサンとの相性も抜群だ。深い香りのコーヒーや紅茶とともにじっくりと味わう時間は何物にもかえがたい。

「海老フライ御膳（1,200円）」。小鉢などの副菜はそのときにより変わる。この日は地元産のイカを野菜と合わせた南蛮漬けなど。ご飯は鳥取県産のコシヒカリを使用

推しポイント 4

コーヒーハウス葡瑠満 ◆◆◆◆ @湯梨浜

ハンバーグを注文すれば その店の格がわかる。

1

2

3

1）ゆったりくつろげるソファを配した店内は約50席。2）オーナーの田中さん（中央左）とスタッフの皆さん。3）サイフォンで淹れるストレートコーヒーは560円～

洋館のような空気の中 自家焙煎の香りに癒される

どこか瀟洒な雰囲気をもつ『葡瑠満』は、昭和57（1982）年のオープンからほぼ変わっていないという気品ある佇まいと、ノスタルジックな空気に包まれた喫茶店だ。

レンガ調の壁が風格をたたえている店内には、ゆったりとしたソファが配され、アンティーク電話のテレフォンボックスが、よりクラシカルな趣を演出。このレトロな空気感が心地良く、モーニングやランチの慌ただしいときでも、つい長居をしたくなってしまうのだ。

落ち着いた雰囲気もさることながら、地元の人々に愛され続ける多彩な料理やスイーツもこの店の魅力。看板メニューは牛と豚の合挽き肉を毎朝こねて作る、自家製ハンバーグステーキ。しっかり噛み応えがありながら、口の中で旨味とともに肉汁が溶け出し、ふんわりとした食感に変わる。ナツメグなどの香辛料や、焼く際に加えるニンニクとローズマリーで、さらに華やかな風味に。

もちろん料理だけでなく、毎朝マスターが焙煎を担当しているコーヒーも味わいたい。本格的なドリップ方式で丁寧に抽出した「葡瑠満ブレンドコーヒー（430円）」をはじめ、コロンビアやブラジルなどのストレートコーヒーも充実。大粒の豆を炭火で特殊焙煎した「炭焼珈琲」もおすすめだ。淹れ方にもこだわり、ブレンド以外のストレート豆のコーヒーはサイフォンで沸かし、スタッフがテーブルで直接カップに注いでくれる。目の前で香り立つコーヒーの湯気に包まれながら、至福の時間を楽しんでほしい。

Data
コーヒーハウスぶるまん
所 東伯郡湯梨浜町久留17-3
☎ 0858-35-3968
営 7:50 ～ 18:00
休 月曜（祝日の場合は営業、翌火曜休み）
MAP：P108 B-2

ライスとコーヒー付きの「Bigハンバーグステーキ（1,380円）」は、230gのハンバーグがボリューミー。ソースは和風かデミグラス

上）ベーコン、玉子など具だくさんのピラフに、デミグラスソースのハンバーグがのった「ハンバーグピラフ（900円）」はサラダ付き。下）「クリームあんみつ（800円）」のアイスはバニラか抹茶を選べる

推しポイント 5

純喫茶・旅路 ◆◆◆◆ @琴浦

モーニングのサービスを一日中注文できるなんて！

Data
じゅんきっさ　たびじ
所 東伯郡琴浦町赤碕699
☎ 0858-55-1847
営 8:00～16:00
休 月・金曜
MAP：P108 A-1

いつでも食べられるモーニング「旅路サービスセット（700円）」は飲み物付き。10種類以上の野菜のサラダ、バタートースト、ゆで玉子、フルーツで栄養バランスも◎

右）店の前からは海が望める。喫茶店の奥には、店主のご主人の白黒写真ラボを併設。左）無国籍な趣を感じる店内は、椅子とソファで23席

地元から愛される日常のサードプレイス

琴浦町の海岸から程近い場所にある『純喫茶・旅路』は、3年前に町内の別の場所から移転。店主の陰山さんは、カメラマンの夫が写真スタジオとして使っていた築約60年の建物を改装し、新たな店をオープンさせた。

天井が高く、まるで海の家のように開放感あふれる店内には、そこかしこに飾られた世界各国の雑貨が目を引く。ヨーロッパ、メキシコ、アジアンリゾートと国も趣も様々。実は国内で買い求めたという雑貨は、店主が夫とともに選んだもの。

「いろんな国に行きたいという願望があって集めました」と語る陰山さん。特にコンセプトはないというが、逆に不思議なミクスチャー感がいい。テーブルと椅子のデザインや素材もそれぞれ異なり、配置もバラバラだが、なぜかこの店の個性としてしっくり収まり、心地良い空間を生んでいる。

居心地だけでなく、自家製メニューの数々も人気の理由で、中でも一日中食べられるモーニングが話題だ。「お客様が朝以外にも食べたいって言うんでね。だったら一日中やろうってなって」と答えてくれた店主の笑顔からは、優しく気風のいい人柄が伺える。

「この歳になってボランティアをしたいと思って、それを主人やお客様に言ったら『あなたはここでお客様の相手をして、この店をやることがボランティアなんだよ』って言われてね」と、イキイキと語る陰山さん。これからも街の人たちに元気を分けてくれるに違いない。

上）明るく気さくな店主の陰山さん。お客の要望にできるだけ応えようとするサービス精神も旺盛。下）中央の丸テーブルや壁際のソファなど、店内の各コーナーにより異なる雰囲気が楽しめる

上）先代から受け継いだ欧風カレーレシピに、香辛料などを加えてアレンジした「自家製カツカレー（1,180円）」。自分で生クリームや辛味パウダーを加え、辛さの調整も可。下）「こぶ茶（450円）」は塩羊羹が付いてくる

地元が誇る 手みやげ名鑑

100年以上変わらぬ味を守り続ける和菓子の老舗から、洋菓子の最前線を往くパティスリーの新店まで、我らが誇る地元の手みやげが大集結！改めて倉吉の自慢を再発見し、味わおう。

写真＝齋藤ジン　文＝延本美里

創業から約150年、変わらぬ味を守る倉吉のお茶菓子代表

『お菓子処 まんばや』の
志ば栗　10個入り 750円
煉羊羹　1本 1,500円

かつて茶道が盛んだった倉吉市で、明治10年に創業し、茶人のすすめで生まれた銘菓が「志ば栗」。白あんが入った焼き菓子で、甘さは控えめ。日本茶にも紅茶にも合う甘さだ。日持ちもいいので手みやげにも最適。羊羹も甘さを控えた上品な味わいで、長年茶菓子として人気が絶えないそう。Ⓐ

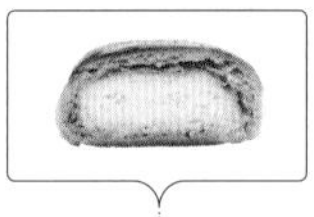

鳥取を代表する銘菓といえば！大正義の手みやげ

『石谷精華堂』の
打吹公園だんご　5本入り 570円
しょこら和さんぼん　12個入り 570円

素朴で愛らしい見た目と確かな美味しさで、長く愛されている打吹公園だんご。創業以来製法にこだわりを持ち、地元のもち米粉を使用し、蒸して、練って、を繰り返し手間暇かけて作っている。「しょこら和さんぼん」というココアと和三盆のお菓子も人気。Ⓑ

SHOP LIST

Ⓐ

Data
おかしどころ まんばや
所 倉吉市明治町1031-27
☎ 0858-22-3261
営 8:30 ～ 18:30
休 月曜
MAP：P111 C-2

明治10年創業の老舗お菓子処。「心なごむ和菓子」をモットーに、和菓子を中心とした様々な菓子を取り揃える。

Ⓑ

Data
いしたにせいかどう
所 倉吉市幸町459-1
☎ 0858-23-0141
営 8:00 ～ 17:30
休 なし
MAP：P110 E-1

明治13年より倉吉銘菓「打吹公園だんご」を作り続ける老舗和菓子店。店前の3色団子の巨大オブジェも隠れた名物。

Best of 倉吉
Chapter 7

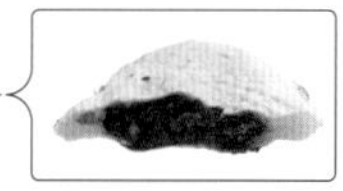

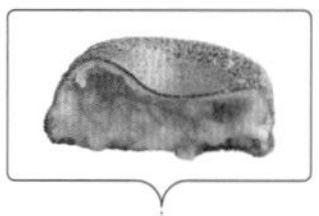

昔から変わらぬ味にホッとする 倉吉市民のソウルフード

『米澤たいやき店』の
たい焼き　1個 120円
大判焼き　1個 120円

白壁土蔵群のほど近くにある、昔ながらのたい焼き店。名物のたい焼きは卵を使用していない、白い見た目が特徴的。皮はパリパリで、噛めば噛むほどもっちりとした食感に変化する。甘さが控えめの、滑らかなあんがたっぷりと中に詰まっていて、食べ応えは抜群。たい焼きだけでなく大判焼きも人気で、小豆のほか白あんも選べる。E

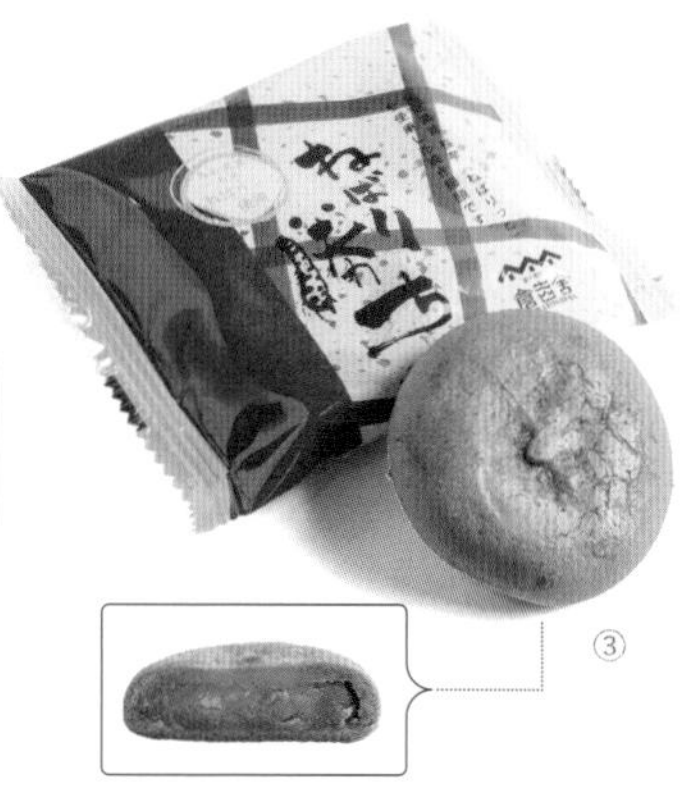

地元の名産をふんだんに使った やさしい味わいが自慢

『菓子蔵楽部 倉吉舎』の
①ふわどら　1個 151円
②梨ふわどら　1個 162円
③ねばり勝ち　7個入り 1,080円

なるべく添加物を使わない菓子作りをする『倉吉舎』の人気者は、「ふわどら」シリーズ。ふわふわに蒸し上げたケーキに、小豆をミックスした生クリームをサンドした「ふわどら」に、鳥取の二十世紀梨を使用した「梨ふわどら」も。鳥取県産長芋「ねばりっこ」をあんに混ぜ込んだ「ねばり勝ち」も手土産におすすめ。C

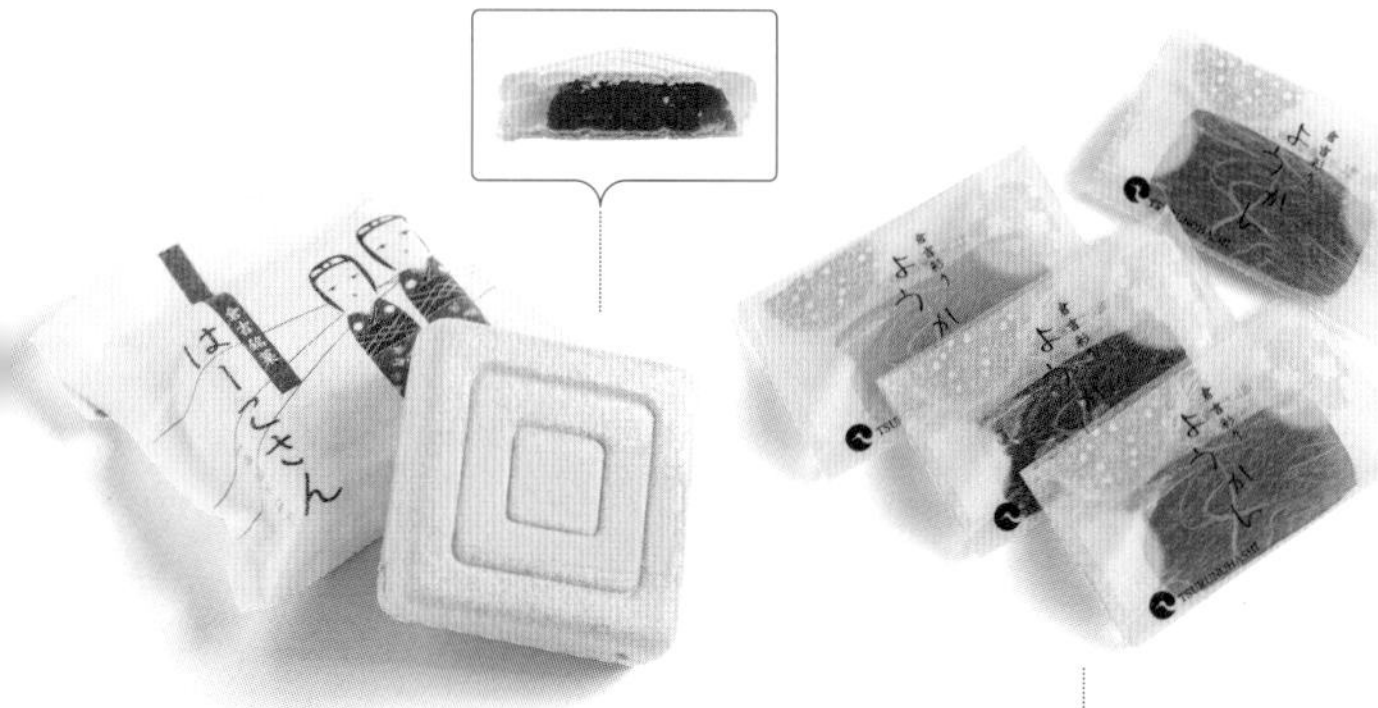

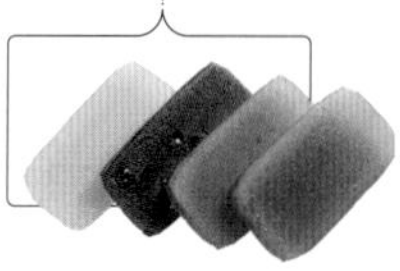

見た目にも可愛らしい 贈り物にぴったりな倉吉みやげ

『鶴乃觜』の
はーこさんもなか　1個 140円
倉吉彩り ようかん　4種12枚入り 1,350円

倉吉らしさや、食べやすさが嬉しい『鶴乃觜』の菓子。写真右はひと口サイズにカットした栃羊羹、白羊羹、小倉羊羹、梅羊羹の4種の羊羹セット。1枚ずつフィルムで包んであるので、手を汚さずに食べられる。左は伝わる倉吉の郷土玩具「はーこさん」をモチーフにした最中。梅のあんをサクサクのもち米の最中種で包んでいる。F

「とちの実」を使用した 倉吉銘菓を作る

『ふしみや』の
①蔵の餅　10個入り 1,000円
②とちの実羊羹　1本 1,500円
③とちの実万十　2個入り 150円

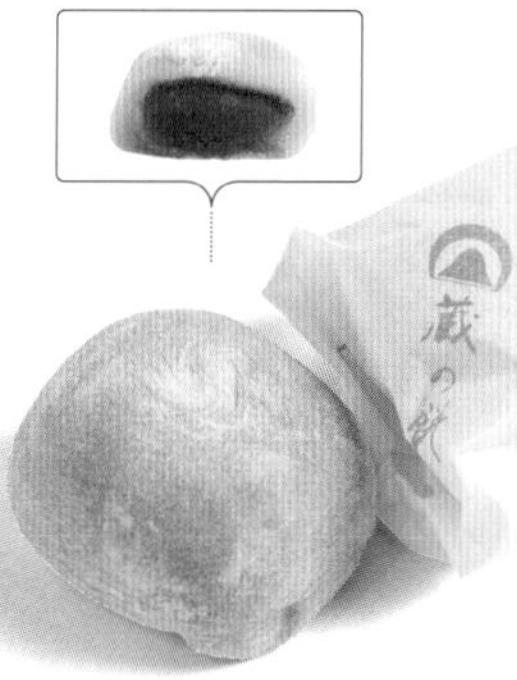

倉吉市の名産・栃の実。これを使った倉吉銘菓を作るのが、ここ『ふしみや』。右上から、栃の実の風味と甘みがマッチした「とちの実羊羹」、栃の実を贅沢に練り込んだ「とちの実万十」、倉吉銘菓として有名な「蔵の餅」。「とちジャム」を練り込んだ餅でこしあんを包んだ、口溶けがよく、驚くほど軟らかい食感が自慢。D

E

Data
よねざわたいやきてん
所 倉吉市堺町2929-1
☎ 0858-22-3565
営 10:00～18:00
休 火曜
MAP：P111 C-3

昭和23年から続く、金型で一匹ずつ焼く昔ながらのたい焼き店。平日も常連客が絶えず訪れる、地元で愛される店。

C

Data
かしくらぶ くらよししゃ
所 倉吉市駄経寺町2-16
☎ 0858-23-0150
営 9:30～18:30
休 水曜
MAP：P110 E-3

できる限り添加物を使わず、安心して食べられる菓子作りにこだわる。和生菓子から洋菓子まであらゆる菓子が揃う。

F

Data
つるのはし
所 倉吉市堺町3-100
☎ 0858-23-5161
営 9:00～18:30、日曜・祝日～18:00
休 第3火曜
MAP：P111 C-2

倉吉市に拠点を構え、鳥取県の名産を使った飲食料品の製造・販売はもちろん、全国の選りすぐりの食品を販売している。

D

Data
ふしみや
所 倉吉市住吉町61-13
☎ 0858-22-2887
営 8:30～18:00
休 日曜
MAP：P110 D-3

昭和35年創業。厳選した原材料を使用し、心を込めた菓子作りがモットー。四季を楽しむラインナップが豊富。

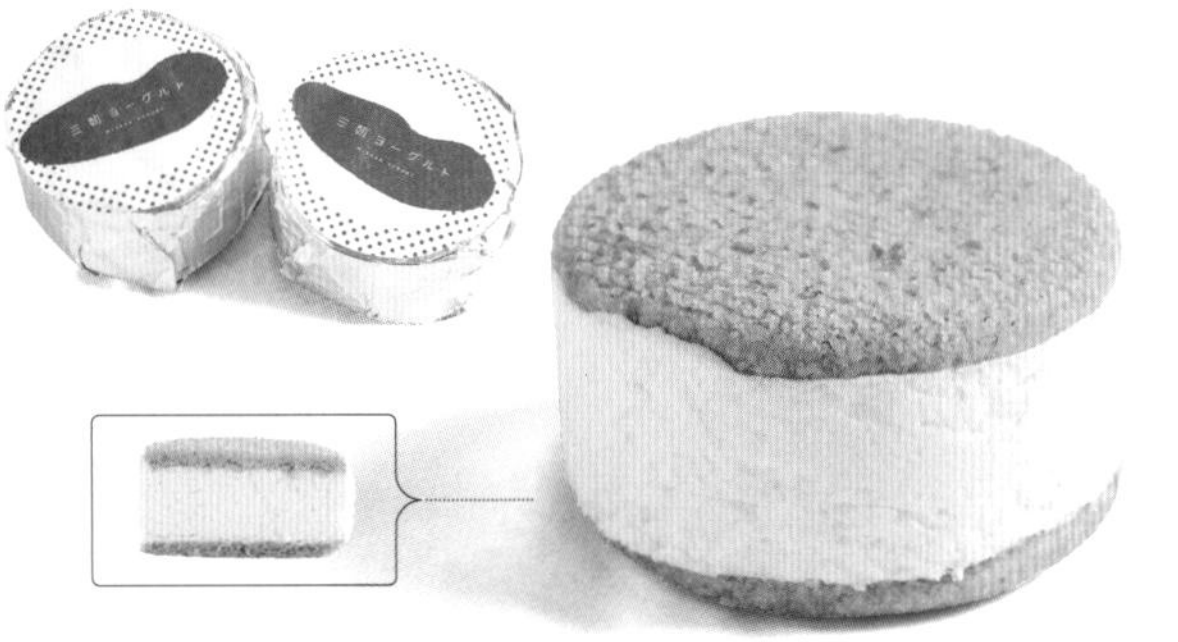

鳥取の素材を使用して発酵から手作りのヨーグルト

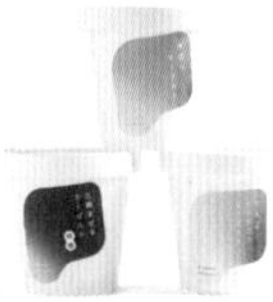

『三朝ヨーグルト』の
ヨーグルトバターサンド　1個 330円
ヨーグルト　1個 280円〜

ヨーグルトは自家発酵ですべて手作り。鳥取県産のイチゴや鳥取県産100％の米粉など、地域の素材へもこだわっている。ヨーグルトバターサンドはグルテンフリーで、バターとヨーグルトのクリームを米粉のクッキーでサンドしザクっとした食感に。ヨーグルトは全6種、どれも身体にやさしい素材で作られている。Ⓘ

メイドイン倉吉の美味しい洋菓子を届けるパティスリー

『パティスリー ミノウラ』の
倉吉ロマンどーなつ　プレーン 1個 230円
倉吉ロマンクーヘン　1カット 250円

「倉吉のよさを全国に届けたい」と、倉吉を表現した洋菓子を多数作る。写真右はリピーターも多く人気が高いドーナツ。ふんわりとした生地の美味しさが自慢で、ニンジンやほうれん草など野菜を使ったフレーバーなども。彩り鮮やかな名物、ロマンクーヘンはプレーン、ルージュストロベリー、抹茶利休の3種類が揃う。Ⓖ

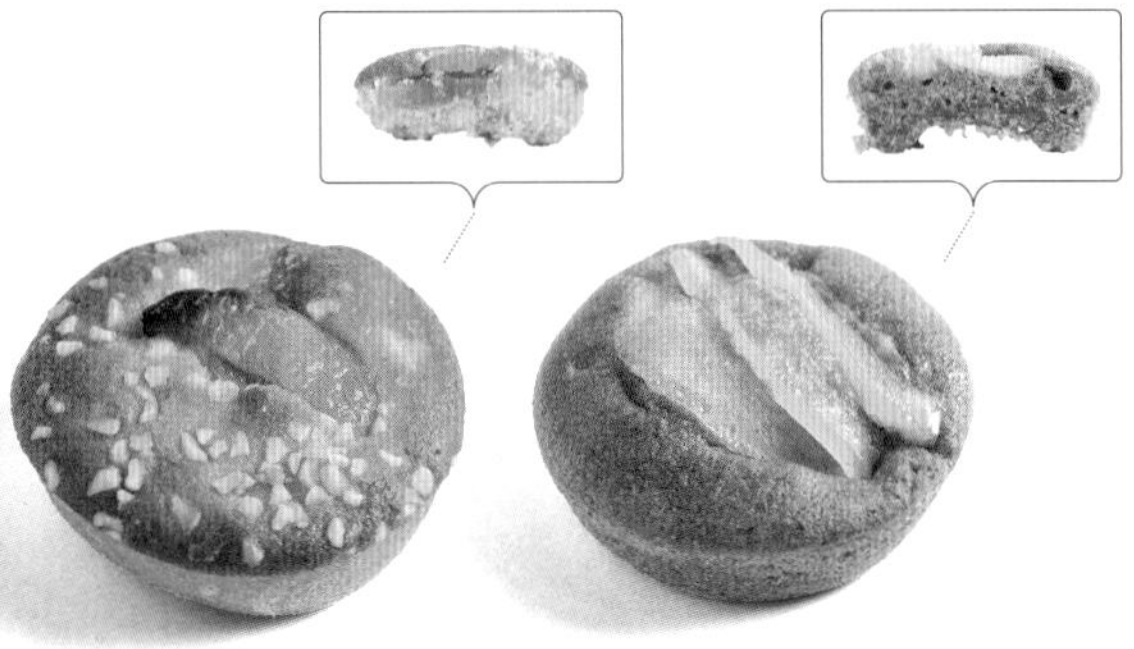

地元のパティシエが作る、ローカルな素材を生かした菓子

『Kite』の
ケーク　1個 450円
クッキー　2枚入り 各300円

地元出身のパティシエが、地元の素材と自分の技術を掛け合わせた菓子作りがしたいとオープンした店。「ケーク」は「レモン アプリコット」に「抹茶 小夏」。どちらもしっとりとしていて素材をしっかりと感じる味わいだ。クッキーはヘーゼルナッツが利いた「ディアマンノワゼット」に、定番のチョコチップがおすすめ。Ⓙ

一つひとつを丁寧に地元で愛されるケーキ屋

『お菓子工房 Sora』の
スフレチーズケーキ　5号 1,500円
レモンケーキ　1個 200円

この店の名物は、焼きたてが食べられるスフレチーズケーキ。チーズケーキといえば冷えているものが一般的だが、焼きたての、ふわふわでとろける美味しさを味わってもらいたいと、店主が15時の焼き上がりに合わせて予約購入を可能にした。レモンケーキも人気商品で、レモンが香るしっとりとした生地をホワイトチョコでコーティングした。Ⓗ

Ⓘ

Data
みささヨーグルト
所 東伯郡三朝町三朝901-1
☎ 080-6243-4758
営 10:00 〜 17:00
休 なし
MAP：P108 B-3

2023年2月、三朝エリアに新しくオープンしたヨーグルト専門店。鳥取・大山の牛乳を生かした商品作りをする。

Ⓖ

Data
パティスリー ミノウラ
所 倉吉市福庭町2-73
☎ 0858-26-2568
営 9:30 〜 19:00
休 火曜、ほか不定休あり
MAP：P108 B-2

グリーンに囲まれた店舗が特徴的。倉吉のよさを表現した菓子作りがモットーで、種類豊富な洋菓子を取り揃える。

Ⓙ

Data
カイト
所 東伯郡湯梨浜町久留131-4
☎ 090-7134-2663
営 11時〜売切次第終了
休 不定休
kite.yurihama
MAP：P108 B-2

2023年4月、湯梨浜町にオープンしたタルトメインのケーキショップ。そのほか焼き菓子も多く取り揃える。

Ⓗ

Data
おかしこうぼう そら
所 東伯郡北栄町国坂533-2
☎ 0858-36-2504
営 9:00-19:00
休 月曜
MAP：P108 B-2

北栄町にある、地元に根付く人気の洋菓子店。どこかホッとする、昔ながらのケーキや焼き菓子が多く並ぶ。

地元の良さを伝え、地元に還元するパティスリーの洋菓子

『パティスリーモンテ』の
cube de シュー　1個 320円
瓶パフェ　1個 600円

地元へ還元したい、というオーナーの想いの元、鳥取県産の素材を中心に洋菓子を作る。四角いシュークリームは大山乳業のクリームを使用。キャッチーな四角いシェイプに、たっぷりクリームが詰まっている。瓶パフェは、取材時はシャインマスカット。季節の果物で作るので、毎回違うメニューを味わうのも一興。Ⓜ

お洒落度がハイレベルなカフェの鳥取素材を使った焼き菓子

『HAKUSEN』の
①地粉のスコーン　2個入り 520円
②濃厚チョコブラウニー　1個 290円
③グラノーラ　1,080円

鳥取県産の素材を中心に使った焼き菓子がハイクオリティで、オンラインストアでも売り切れが続出。スコーンは大山のバターを使用し、外はさっくり、中はしっとりとした食感。食べやすいスティック状のチョコブラウニーは、甘すぎないが濃厚で、満足度の高い一品。グラノーラは塊になっていておやつとして食べやすい。Ⓚ

自然素材で作る身体に優しいポップコーン

『OKAWARI POPCORN』の
ポップコーン 贅沢ミルク、ハバネロトマト、和梨　各550円

素材にこだわって作られたオリジナルポップコーン。常時20種類以上が揃い、鳥取県の食材で味付けをした「鳥取ポップコーン」シリーズは観光客のおみやげとしても人気が高い。写真は右から、梨の香りを感じる「和梨」、ビールに合う「ハバネロトマト」、濃厚なミルクを感じられるしっとり「贅沢ミルク」。Ⓝ

昔ながらの味わいも独自路線もどちらも楽しめる

『ケーキショップチロル』の
カスタードプリン　162円
おてまえティラミス　1,242円
焼きチョコドーナッツ　1個 367円

親子経営の『チロル』は、独自路線の洋菓子から、父親が長年作り続けてきたクラシックなメニューまで多数用意。プリンは余計なものを使わず作った優しい味わい。ティラミスは贅沢な素材がふんだんに使われた、ここぞ！というときにご褒美として食べたい一品だ。焼きチョコドーナッツも手土産として人気が高い。Ⓛ

Ⓜ

Data
パティスリーモンテ
所 東伯郡琴浦町逢束500-1
東伯ビル1F
☎ 0858-53-6226
営 9:00-19:00
休 月曜、ほか不定休あり
MAP：P108 A-1

2019年にオープンしたパティスリー。「食を通じて地元への恩返しだったり、良さを伝えたい」という想いで経営する。

Ⓝ

Data
オカワリ ポップコーン
所 倉吉市和田226-6
☎ 080-6809-8867
営 10:00 ～ 17:00
休 水・木・日曜
MAP：P111 A-1

鳥取の食材をはじめとするフレーバーが揃うポップコーン専門店。添加物は極力使わず、味と食感、安心にこだわる。

Ⓚ

Data
ハクセン
所 東伯郡湯梨浜町旭127-2
☎ 0858-32-1033
営 10:00 ～ 17:00
休 火曜、ほか不定休あり
MAP：P108 B-2

東源湖の景色を一望できる、パノラマビューが自慢のカフェ。鳥取の素材をベースとした手作りの焼き菓子も販売する。

Ⓛ

Data
ケーキショップチロル
所 倉吉市福山217-1
☎ 0858-28-1185
営 10:00 ～ 18:30
休 木曜、ほか不定休あり
MAP：P108 A-2

1915年、倉吉に餅屋として創業して以来、代々形を少しずつ変え受け継がれ、現在は地元に根付いた洋菓子店として人気。

自分自身と向き合いたくなる

ローカルなパワースポットへ

倉吉には、実はパワースポットが多いことを知っていましたか？
占いから厄除け、自然の力を感じられるスポットまでご紹介します。

写真＝齋藤ジン／深澤慎平　文＝延本美里

古く伝わる星占術で
対人関係を占う

満正寺

1699年、鳥取池田藩城代家老・荒尾志摩の菩提寺として建立。漫画『遥かな町へ』で主人公がタイムスリップする舞台としても知られている。境内に入るとまず目に入るのが、直径約8mもの大きさの「九曜星占盤」。これは古来より寺に伝わる占いで使うもので、特に相性占いを得意とする。かつてはよく当たるということで徳川家康をはじめとした多くの歴史上の人物も、大きな決断をする際に利用していたという。現在では満正寺以外で占える場所が少ないので、折に触れて遠方から通う人も多い。対人関係に悩んでいる人は、占うことで相手を理解するヒントを得られたり、関係を整理するきっかけになるかもしれない。

日本最大級の九曜星占盤。大師堂で「星」を調べたら自分の星の上に立ち、中央の石盤に向かおう

九曜星占盤中央にある石盤。円盤を回すと相手の星との関係を表す漢字を調べられるので、大師堂で手に入れたお札のQRコードからチェックしよう

右）満正寺オリジナルの絵馬。左）寺の場所が風水的に「龍穴」と呼ばれるパワースポットにあたるそう。仏教の世界観を表した白砂の庭と、龍のモチーフを表している

Data
まんしょうじ
所 倉吉市鍛冶町1-2948
☎ 0858-22-3468
開 9:00 ～ 17:00
休 なし
MAP：P111 B-3

九曜星占盤の占い方

① 「大師堂」へお参りする

まずは本堂でお参りを済ませたら、満正寺入り口から向かって左奥の「大師堂」でお参りを。様々な色で彩られたのぼりが目印

② 「宿星帳」で星を探す

「宿星帳」を見て、自分や相手の生年月日がどの「星」にあたるのかを調べる。該当の引き出しを開け、お札を1枚もらう（500円）

③ お札のQRコードを読み込む

九曜星占盤で相手との相性を表す漢字を調べたら、お札にあるQRコードを読み取り満正寺のサイトへアクセス。相性をチェックしよう

「厄」を「躍」に変えると
言い伝えられる

厄除けの滝（不動滝）

国道22号線から山陰本線を越え、道なりに緑豊かな山道へと入ると、うっそうとした森林の中に小さな鳥居がある。鳥居をくぐるとその奥に、巨岩から落ちる滝が突如現れる。ここは約32mの高さから2段にわたって水が流れ落ち、「"厄"を"躍"に変える厄除けの滝」と呼ばれる、昔から修行の場として知られている場所。澄み切った空気の中、緑豊かな滝のそばでリフレッシュをすれば、心も洗われること請け合いだ。

上）15台以上が停められる、広々とした駐車場も完備されている。下）滝のすぐそばには、山肌に沿うように作られた階段の上に祠が。「不動滝」の由来となった不動明王が祀られている

Data
やくよけのたき（ふどうだき）
所 鳥取県東伯郡湯梨浜町漆原
☎ なし
開 見学自由
休 なし
MAP：P108 B-2

"ほどき紙"で
断ち切りたい想いを溶かそう

打吹公園 羽衣池

羽衣を隠され下界の男と結婚した天女が、羽衣を見つけ子どもを地上に残したまま天に帰ったという伝説が残る打吹山。そのふもとにある羽衣池では、忘れたい過去や整理したい想いなどを「ほどき紙」にしたため池に浮かべると、紙と一緒に水に溶けるといわれている。手順は購入したほどき紙に、ほどきたい過去とこれからの願いを書き、羽衣池に浮かべるだけ。紙が溶け切った頃には、過去を断ち切り新しいスタートが切れることだろう。

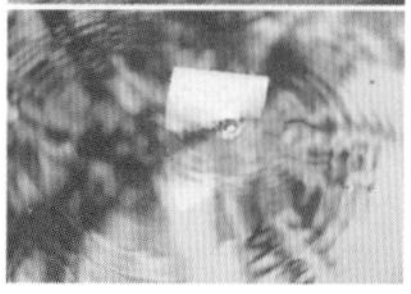

上）ほどき紙は観光案内所または赤瓦一号館で購入を。良縁福守りがセットで付く（400円）。公園には書く場所がないので、購入場所で記入しよう。下）羽衣池にそっと溶けていくほどき紙

Data
うつぶきこうえん はごろもいけ
所 倉吉市葵町722
※ほどき紙の購入は倉吉白壁土蔵群観光案内所（倉吉市魚町2568-1 赤瓦十号館内）
☎ 0858-22-1200
開 9:00 ～ 17:00 休 なし
MAP：P111 C-3

ここもパワースポット！

「生まれ変わりの山」と呼ばれた

三徳山三佛寺投入堂

→詳しくは
P040へ

三徳山三佛寺の奥院である国宝「投入堂」。かつては三徳山全体が修験者たちの修行の場であり、強いエネルギーを持つパワースポットと言われている。三徳山を登った先にある投入堂は、平安時代に、人力では建築不可能と思われる断崖絶壁に建てられており、その建立方法については多くの謎が残っているのだそう。

Data
みとくさんさんぶつじなげいれどう
所 東伯郡三朝町三徳1010
☎ 0858-43-2666
開 8:00 ～ 15:00
休 なし
※積雪期間（12 ～ 3月頃）は入山禁止
MAP：P108 B-2

伝統が息づく、ものと暮らす。

古くからこの街で生まれ、育まれてきた、ものづくりの精神。それを受け継ぐ人々と、暮らしに寄り添う道具があります。

写真＝加藤史人　文＝江澤香織（P084 ～ 085）、管野貴之（P086 ～ 089）

手仕事のある暮らしが似合う街、倉吉

　白壁土蔵の建造物が建ち並び、情緒ある街並みが残る倉吉。ぶらぶらと散歩するだけで楽しいエリアだが、何気なく入ったショップやカフェで、地元でつくられた手仕事のうつわや道具がさり気なく使われているなど、ものづくりが日常的に愛されている気配を感じさせる。

　鳥取のものづくりを語る上で外せないのは、民藝のプロデューサー的存在だった吉田璋也《しょうや》だ。明治31（1898）年に生まれ、耳鼻科の名医だったが、名もなき職人の手から生み出された日常の生活道具「民藝」の美しさを見出した柳宗悦《やなぎむねよし》による民藝運動の影響を受けた。医師の傍ら、地元の優れた工芸品や、職人の技と伝統を生かしながら、当時

Best of 倉吉

Chapter 8

ライター・コーディネーター
江澤香織さん

フード、クラフト、トラベルなどを中心に雑誌、WEB、広告などで執筆。企業や自治体と地域の観光開発コンサルなども行う。著書『山陰旅行　クラフト＋食めぐり』（マイナビ）ほか

福光焼［ふくみつやき］

藁やもみ殻を使った糠釉で表情豊かに仕上げた、福光焼を代表する面取りのうつわ。土瓶15,000円、湯飲み2,000円、筒蓋物12,000円

の日常生活に取り入れるべく、自らデザイン、プロデュースを行い、新しいものづくりの発展に力を注いだ。鳥取にいまも上質な手仕事が息づいているのは、彼の功績が大きいように思う。

倉吉の地名の由来は「暮らし良し」からきているともいわれ、手仕事の道具のある暮らしが、もっとも似合う街ではないだろうか。陶芸や郷土玩具など、人々に親しまれてきた工芸品が、いまも静かに受け継がれている。

江戸時代に始まり、子どもの無事の成長を願いつくられた縁起物といわれる「はこた人形」は、この街のアイコンとして愛され、街中でもちらほら見かける。おっとりとした優しい表情に風情があり、見ていて心が和む。同じ工房でつくられるちょっとぼけた人形「因幡の白兎」も人気だ。「倉吉絣」は約200年前から伝わる絣で、先に糸の必要な部分を藍で染めてから文様を織るため、非常に高度な技術を要する。繊細で上品な美しい絵柄は、その芸術性が高く評価されている。暮らしにもっとも身近な存在でもある陶芸は、倉吉郊外に窯元が多く点在している。近年では若い世代のモダンな作風もあり、様々なスタイルのうつわを選べるのは楽しい。

地元で育まれる工芸品の魅力を再発見し、ぜひ日々の暮らしに取り入れてみたい。

民藝の精神を受け継ぎ、土地の恵みをうつわへと昇華させる。

1

2

3

1）幼少期からものづくりが好きで、中学校で陶芸クラブに所属したことを機に、生田氏と出会った河本さん。「生田先生は我が子のように可愛がってくれました」。2）金やすりを研ぎ、薄い刃物のような形状に仕立てた自作の面取り道具。奥にあるのが長年愛用する蹴りろくろ。3）飴色に輝くべんがら釉が、自然な風合いを醸し出す徳利。右8,000円、左5,000円

右）素焼きしたうつわに、べんがらの釉薬を丁寧に重ねていく。左）生田氏の教えもあり、福光焼のうつわにはサインなどが一切ない。「ひと目見て福光焼と分かってもらえるものが、良いうつわの証。材料や形、技法などを模索しながら、いつかそんなうつわをつくりたい」

右）福光焼の仕上げに欠かせないのが、耐火レンガを手作業で組み上げたこの登り窯。現在は年に2回火を入れ、うつわを焼いている。左）窯の中で薪の灰がかかることで生まれる自然釉が、一点ごとにさらなる趣を生む

父と息子のうつわ共演！

うつわの表面を大胆に削るのが面取りの要。右が賢治さん、左が慶さんがつくった面取りの酒器。つくり手によって面の表情も異なる

倉吉ものづくり人1

河本賢治さん

かつて吉田璋也らと共に、民藝運動を牽引した陶芸家・河合寛次郎。その直弟子で北栄町出身の生田和孝氏に才を見出され、弱冠15歳で陶芸の道を志した河本賢治さん。故郷の地名を冠した「福光焼」は、この地で育まれた自然と暮らしが表現されている。地元の土壌から採取した土の風合い、多彩な釉薬も独自の配合で自作。「近年使っている赤碕の土は鉄分が豊富で、食器に向きます。釉薬の原料となる雑木の灰には、梨の木を使うこともあるんです」と河本さん。また、蹴りろくろや登り窯など昔ながらの手法を用いることで、手仕事ならではの優しい表情やフォルムを生み出している。「賞をもらうより、台所で喜ばれるものづくりに専念していきたい」。"用の美" を追求してきた民藝の精神が、福光焼にはいまもなお宿っている。

Profile

かわもとけんじ

1955年、倉吉に生まれ、中学卒業後より生田和孝氏に師事。1980年に独立し、『福光窯』を開窯後には数々の賞を受賞。2006年に鳥取県伝統工芸士認定。現在は長男・慶さんと共に、作陶を行う

Data

福光窯

所 倉吉市福光800-1
☎ 0858-28-0605
営 10:00～17:00 ※要事前予約
休 不定休
MAP：P108 A-2

倉吉ものづくり人2

福井貞子さん

幻の織物を継承し、生涯を捧げて生まれた出藍の誉れ。

倉吉絣は「絵絣」と呼ばれ、織物でありながら美しく精緻な文様が特徴。江戸末期に生まれ明治期に最盛期を迎えるが、文様の複雑さゆえに大正期の機械化に対応できず、戦後の高度経済成長期には旧世代の遺物として廃棄され、一時は「幻の織物」となっていた。福井貞子さんが、夫の祖母から倉吉絣の手解きを受けたのは1959年。以来、60余年にわたり倉吉絣の技術の復活と研究に努め、普及のために保存会の設立にも尽力した。一方で、染織家として美への探求にも情熱を傾ける。当初は伝統に忠実な斉一の文様を手掛けていたが、次第に山陰の風土や花鳥山水など、一瞬の美を織り込む作風へと進化。その独創性と手紡ぎの強靭な綿糸や天然の色が支える作品は、「美しさと土の香りのする力強さを併せ持つ」と評されている。

福井さんの倉吉絣教室を開催

Data

伯耆しあわせの郷

所 倉吉市小田458　☎ 0858-26-5581

営 9:00～20:00　休 月曜（祝日の場合翌日休み）、年末年始

URL https://www.shiawasenosato.jp/　**MAP：P108 B-2**

1

3　2

1）基本となる藍色もその濃さで様々な青を表現し、茶綿や草木染の色糸を使う場合もある。2）絵絣はこの「種糸」から生まれる。種糸に糸束を重ね、墨部分を目印に縛って緯糸を染色する。縛った部分は白く残り、それが織った際の柄として現れる。3）種糸を作る際に使われた当時の型紙。複雑な柄は専門の絵師や彫師が手掛けていた

倉吉絣［くらよしがすり］

藍の葉と花をモチーフに制作した木綿手紡絣着物「青藍（せいらん）」。2022年の「日本伝統工芸展」に出品され入選を果たした

自宅内には絣資料館も！

右）私費を投じて蒐集した、絣や制作道具の資料館を1979年に開設。後に県の指定有形民俗文化財となった。左）すべての柄に意味があり、織り手の想いが込められている。こちらは明治10年頃の嫁入り道具。子孫繁栄や長寿を願い、五葉松や鶴と亀が織られている

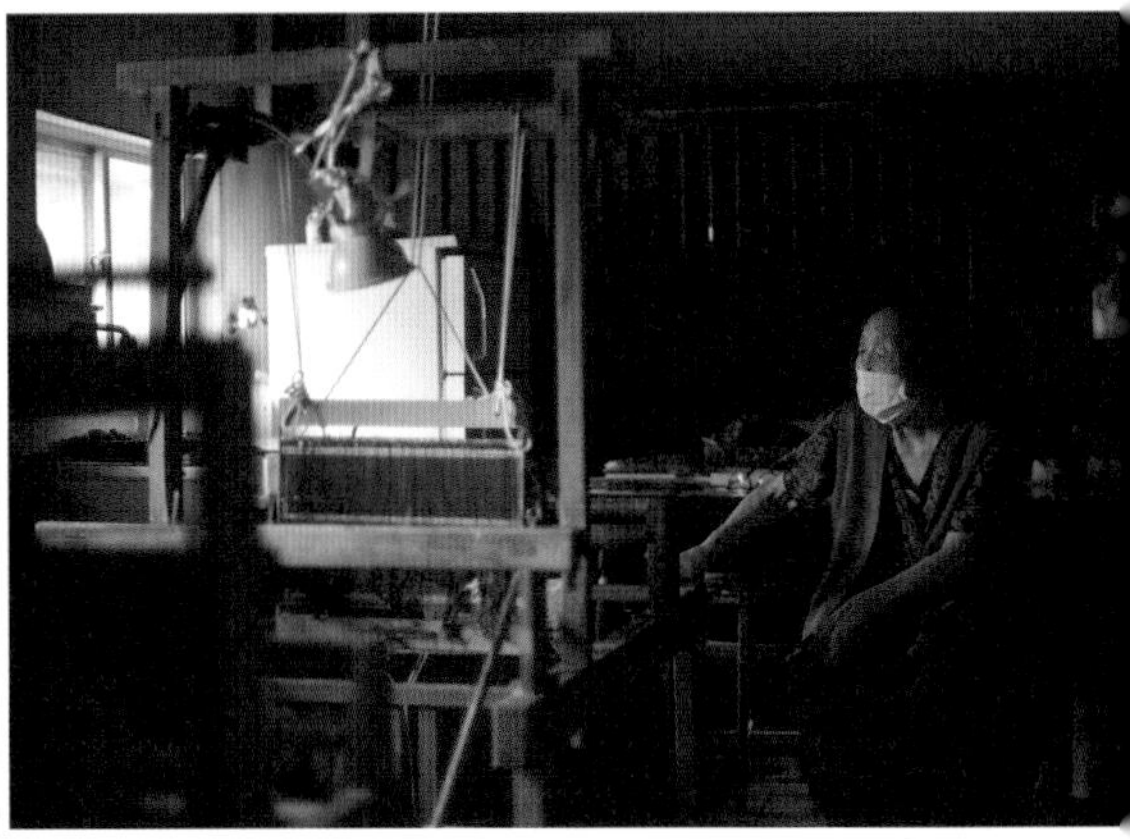

右）「絣の制作を手掛けるのはあと1～2年」と福井さん。保存会の会員約50名がその技術を継承している。左）1日に織れるのは僅か50㎝ほど。織りだけで3カ月、糸紡ぎ・藍染も自ら手作業で行うため、完成には気の遠くなるほどの時間を要する

Profile

ふくいさだこ

1932年、東伯郡赤碕町（現琴浦町）出身。絣の蒐集・研究家として技術を継承する傍ら、その文化・歴史などを体系化した著書を執筆。染織家としても伝統工芸分野で多数の受賞歴を持つ、絣の県指定無形文化財保持者

6

5

5）消耗品の木型は、三好家から受け継いだ原型をもとに仏師に制作を依頼。6）自分だけのオリジナルをつくれる顔描き体験も行う（有料・予約推奨）。7）板画家・長谷川富三郎が原案を制作した「因伯牛（中 4,000円）」

県を代表する巨匠作！

7

1

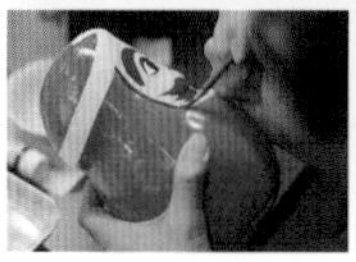

4

3

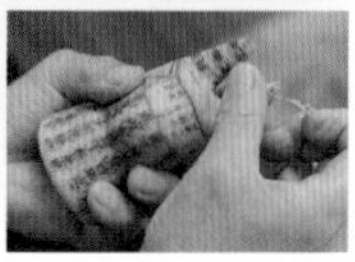

2

1）はこた人形は全12工程で制作され、1体に約10日を要する。人の姿をした張子は全国でも極めて珍しく、山陰では倉吉でのみつくられている。2）桐の木型に新聞紙を水張りし、その上に和紙を張り重ねる。3）乾いたら木型を取り出し、切り口を帯状の和紙で閉じる。その後、顔料の胡粉（ごふん）を3回に分けて塗り重ねる。4）黒い部分を墨書きした後、ニカワを塗り艶出しする。日本絵具などで彩色し、顔は最後に描く

倉吉ものづくり人3

山脇和子さん、牧田能裕さん

子どもの無事を願いつくられる「はこた人形」。その歴史は古く、約240年にわたり備後屋（現・三好家）が代々つくり続けてきた。しかし、その技を継いだ三好明さんには後継者がおらず、倉吉市がつくり手を募集。いまは亡き師匠から秘伝の技を学んだ山脇和子さんが、研修生の牧田能裕さんと2人で「倉吉張子」の伝統を守っている。

「昔は“はーこさん”の愛称で親しまれ、幼い子どもの遊び相手であり、怪我や病気などの厄除けのお守りでもある、身近な存在でした。それを知らない若い世代に向けて、母子手帳に人形のしおりを付け始め、最近は再び認知されてきています」と山脇さん。時代ごとの継承者で人形の顔には個性があり、「手に取る人が可愛いと思える表情」を心掛ける。近年ではうさぎやだるま、牛車は海外でも販売され、その愛らしさが評判となっている。

Profile

やまわきかずこ・まきたよしひろ

三好家の近所で生まれ、幼い頃から人形制作を見て育った山脇さんは、市の募集を機に伝統工芸士・三好明さんに師事。「技術は目で盗め」という環境で手技を覚え、2014年に後継者となり制作を担う。2020年より後継者育成事業の研修生として、牧田さんが工房に参加。修業の傍ら、元銀行員の経歴を生かし、販路拡大やSNSなど情報発信も行っている

Data

はこた人形工房

所 倉吉市魚町2529 夢倉内
☎ 090-1185-9732
営 10:00～17:00
休 水曜 hakotaningyou2529
MAP：P111 C-3

優しい表情で子どもの成長と無病息災を見守る郷土玩具。

はこた人形

右から、「倉吉だるま（小 2,500円）」。愛らしい表情の「因幡の白兎（大 2,500円）」。約20㎝の「はこた人形（中 2,500円）」

窯の伝統を守りながら、〝用の美〟で自身の新境地を切り開く。

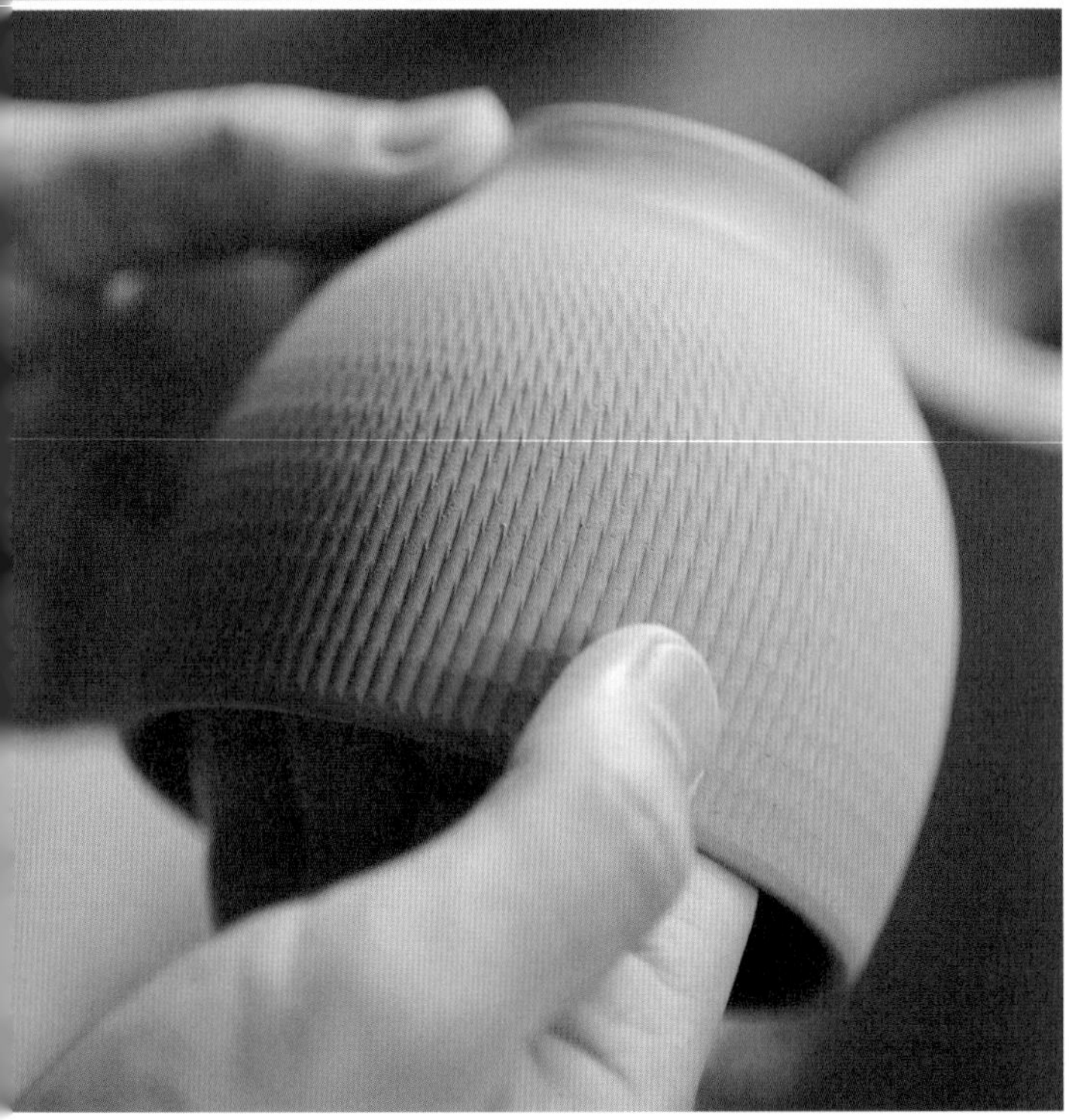

上）先代とは17年間同じ工房に立っていたが、作陶に必要な技術はすべて目で見て覚えたという。下）代表的手法のひとつ「飛鉋」。父が装飾に用いていた技を発展させて現在の形に。様々なパターンをうつわの形状により使い分ける

1

3　2

1）造形美と指の掛けやすさを兼ねたひし形の高台、美術作品でも手の届く価格帯が実に佳靖さんらしい「焼締窯変 杯（各16,500円）」。2）土の鉄分が炎と反応し、焼成の温度や方法の違いで色合いや文様が生まれる。3）右は飛鉋の「湯呑み（2,750円）」、左は線文の「マグカップ（3,300円）」

5　4

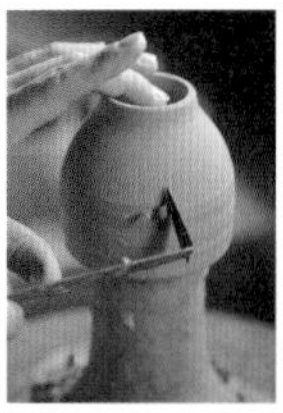

6

4）窯付近の鉄分を多く含んだ土は、美術作品を作る際に混ぜたり、水に溶かして釉薬のように用いる。5）ろくろを回しながら、半乾きの状態のうつわに鉋を当てる。薄い金属の持ち手がしなり、刃先が飛び跳ねながらうつわに当たることで文様が生まれることが、名称の由来。6）細かい文様を刻むため試行錯誤の末、現在の道具になった

国造焼［こくぞうやき］

倉吉ものづくり人 4

山本佳靖さん

1975年に創始された「国造焼」。佳靖さんの父である三代目・浩彩さんは、壺や抹茶椀など数々の優れた作品を残した県指定無形文化財保持者。当代・佳靖さんは砂丘の風紋のような「飛鉋（とびかんな）」や、星座を思わせる「線文（せんもん）」の民藝のうつわで知られるが、先代までは「焼締（やきしめ）」の美術工芸品が窯の代名詞だった。同じ形を量産する民藝と、時間を掛けて一点をつくり上げる美術工芸。同じ作陶でも方向性は真逆だが、抵抗はなかったという。「父の唯一の教えは自身の作風の確立でした。技術を教えたり記録に残さなかったのも、それが理由だと思います」。シンプルで洗練された形の民藝のうつわには日常の使いやすさ、伝統の無釉焼締には凝縮された土の迫力。同じ窯印で異なる魅力をつくり上げている。

Profile

やまもとよしやす

2001年に20歳で三代目である父・浩彩に師事。普段使いのうつわから工芸美術作品まで幅広く手掛ける。2013、2017年の日本陶芸展、2020年の日本伝統工芸展など受賞歴多数。2020年に県の伝統工芸士に認定される

Data

国造焼

所 倉吉市不入岡390

☎ 0858-22-8388

営 10:00～17:00 ※要事前予約

休 不定休　kokuzoyaki

MAP：P108 B-2

開窯はなんと1890年頃！

右）素焼き用のガス釜からうつわを取り出す様子。焼き上がりまで半日かかり、終始つきっきりになるという。左）“こくぞうさん”の愛称で地元に親しまれる「伯耆国造」を祀った大将塚にあやかり、「国造焼」と名付けられた

Made in 倉吉の暮らし道具

暮らしの中で使われる、手仕事の品こそが美しい。日々の生活にスッと馴染み、
使うほどに風合いが生まれる。そんな逸品が見つかるはず。

パン皿
3,300円

家具の端材でつくられた木製食器も人気のアイテム。優しい彫りの風合いをそのまま残し、使い勝手を考慮して水分や汚れを弾くガラス塗料で仕上げている。ブラックウォルナット製。Φ約21㎝。Ⓑ

子供椅子　27,500円

椅子は買い付け品が多い中、注文制作の椅子を定番化した隠れた人気商品。大人も座れる強度があり、屈んで長時間の作業をする際に便利。ナラ製。W34×D29×H41㎝ Ⓑ

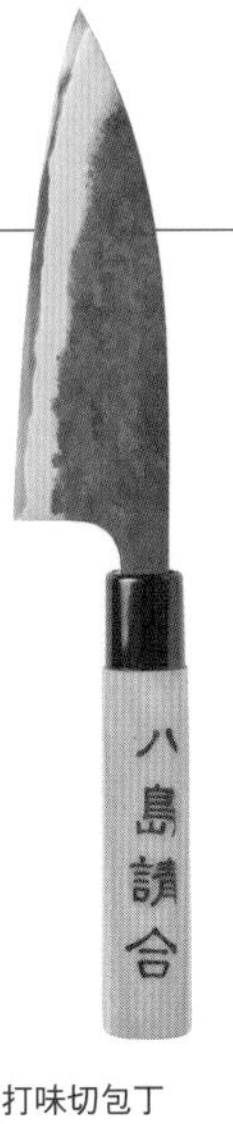

黒打味切包丁
120㎜／2,860円

手打鍛造で焼入れ時の黒皮を残した素朴な風合いが魅力。軽い薄刃の両刃は扱いやすく、家庭でも刃を研ぎやすい白鋼を使用。刃こぼれが少なく簡単に切れ味が戻るので、食材を繊細に切れる。Ⓐ

両耳フライパン
24㎝／11,000円

2.3㎜の鉄板を均一にプレスして成形。厚みがあるためムラなく焼き上がり、使い込むほど油が馴染み焦げ付きにくくなる。直火・IH・オーブン対応で他サイズもあり。Ⓐ

鉈（ホルダーは別売り・オーダー品）　8,800円

刃渡り13.5㎝の青鋼製。先端を重くしてあり遠心力で楽に切れる。黒皮のホルダーや柄に巻いたパラコードが野趣味にあふれ、キャンプや薪ストーブにもぴったり。Ⓐ

取手着脱式フライパン
27㎝／15,400円

両耳フライパンと同素材で、アウトドアでも活躍する無骨でシンプルな形状。鉄は保温性に富み鉄皿としてそのまま食卓に並べられる。（取手を付けての鍋振りは不可）Ⓐ

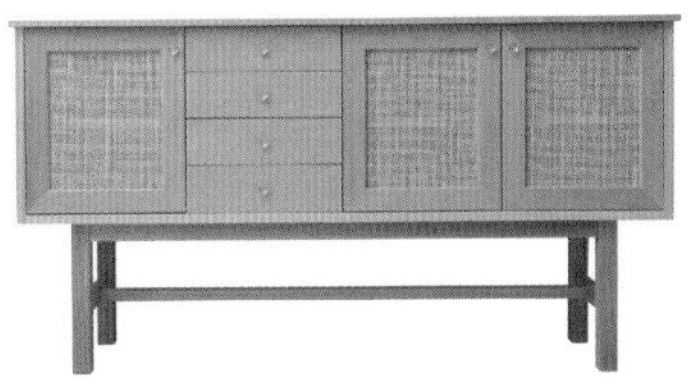

リビングチェスト
242,000円

地元産のヒノキやカバ、ブナ材を使い、ラタン製の扉と真鍮の金具がアクセントに。空間に合わせたサイズ・仕様の変更も可能。W1565×D425×H82㎝ Ⓑ

Ⓑ 良い椅子と日用品と ハッチ家具店

日々を豊かにするモノと出合う場所

全国の展示会に足を運び、家具職人歴20年の岡村聖史さんが審美眼で選ぶ椅子。それに調和するテーブルや棚をオーダーメイドで制作。無垢材の存在感と素材感を大切にした意匠と丁寧な仕事で、目にも手にも木の温もりを感じさせる。店内には妻・昌子さんが選ぶ雑貨や食品もあり、癒しや安らぎを与える心地良いものが集められている。

Data
所 倉吉市伊木213-11
☎ 0858-24-5523
営 10:00～18:00
休 月曜
hatch_furniture
MAP：P109 B-4

お客様の理想を形にします！

Ⓐ 八島農具興業／IRON《アイアン》カフェ

愛着と所有する喜びが生まれる道具

かつて倉吉が一大産地であった稲扱千歯の製造を原点とする、1897年創業の老舗農具メーカー。現在もクワやカマなどを主力にする一方、職人による手作業と熟練の技術力で、包丁などの日用品も手掛けている。商品の多くが修理可能で、簡単なメンテナンスは自ら行える点も魅力。使い込むほど手に馴染み、一度使うと手放せなくなる。

Data
所 倉吉市広栄町889-6
☎ 0858-22-7233
営 11:00～18:00（冬季は～17:30）、土・日曜10:30～16:00
休 不定休
yashima.nougu
MAP：P108 B-2

カフェ併設のお洒落な店内！

俺たちの夜は長い！

スナック探索

個性豊かなスナックが軒を連ねる倉吉。どこに行けば良いか悩むほどお店があります！誰でも気軽に入っていける、おすすめスナックを夜の世界に詳しい二人に伝授してもらいました！

写真＝長谷川祐也／深澤慎平　文＝高橋さくら

Snack #1

ボヌール

時代の流れを静かに見守ってきた、“倉吉の母”がいる名店

右）倉吉のスター、伯桜鵬関との一枚。お店にも本人のサインが置かれていた。左）「いつも着物を着て接客していたの」という、白い着物を着た若かりし頃のママ。決まっていてかっこいい！

スナックデータ

席数：ソファ席6卓
価格：3,000円～（都度相談）
オープン：1972年
スタッフ人数・年齢層：4人・70～80歳
ジャンル：しっぽり
カラオケ：あり
その他メニュー：フードなし、出前なし

白壁土蔵群の側にある、青く光るレトロな看板がお店の目印。1972年にオープンしてから50年以上、長きにわたって多くのお客を迎え入れてきた。医者や政治家、力士など著名人が訪れることも多く、地元では名の知れたスナックだ。ここを営む山根光江ママは、80歳ながらまだまだ現役。今後も変わらず続けていきたいと話す。「まだやってたか！って久々に来た人が言うのよ。失礼しちゃうでしょ」と笑う光江ママだが、昔から変わらない優しい笑顔に癒されている人は多い。

中野さんに「あんたは私の息子くらいの年齢よ！」と笑いながら話す光江ママ。仕事やプライベートのことなど、困ったことは何でも相談したくなるような優しいママは、時々見せる笑顔がいまも変わらずチャーミング

★ 光江ママ

実は昔からお酒が飲めないという光江ママ。持ち前の会話力で場を盛り上げてくれる。趣味はゴルフで、50年ずっとハマっているという。かなり上手いらしい

中野さんのオススメポイント！

外観も内観も歴史ある雰囲気が素敵です。倉吉で一番の歴史を誇るスナックで、ママはまさに倉吉の生き字引。悩みがあったら、まず相談しますね！

右）60人の団体客が利用したこともあったという広い店内。左）さっぱりしていて後に残らない、ママのお客に対する接客は、キャストが目指すママ像だ。「またいらっしゃい！」と手を振ってくれるママが可愛らしい

Data
ボヌール
所 倉吉市新町1-2446
☎ 0858-22-3894
営 20:00～24:00
休 日曜
MAP：P111 C-3

紹介してくれたのは、倉吉スナックの達人

倉吉市商工会議所青年部
中野雅斗さん

塗装業を営む中野さん。小学生の野球チームの監督も務め、常に日焼けしているのが悩み。ウイスキー好きで、いつも元気な40代

倉吉市商工会議所青年部
向井寿孝さん

通信業を営む30代の向井さん。「酔っている姿を見たことがない」と中野さんやママたちに言われるほどお墨付きの酒豪だ

Snack #2

DAHLIA

心も身体も安らぐ上品な空間で 気品あふれるママと飲み交わす一杯

夜の世界で働き始めて15年になるという、36歳のゆめかママが営むこちらのお店は3年前にオープンした。店内にモニターなどは設置しておらず、暗めの照明や店内に飾られたおしゃれな絵から、落ち着いた雰囲気を感じるが、それはママの性格が表れている。静かに話を聞きながら時折見せる笑顔に、ついついこちらも話し過ぎてしまいそうだ。「一人でも気軽に入ってくれるお客さんが多いのが嬉しいです」とゆめかママ。キャストも落ち着いた雰囲気の女性が多いという。

スナックデータ

席数：ソファ席4卓、カウンター4席	スタッフ人数・年齢層：8人・25～30歳
価格：60分1セット3,500円 (ビール・焼酎・ウイスキー・ブランデー、水、氷、おつまみ付き)、キャストは1杯800円～	ジャンル：しっぽり
オープン：2020年	カラオケ：なし
	その他メニュー：フードなし、出前あり

★ ゆめかママ

倉吉の好きなお店は『つなぎや』。「キレイな店内と美味しいお蕎麦が最高です」と目を輝かせる。店内の家具などはすぐに揃えたらしく、かなり即決力がある予感

3

Data
ダリア
所 倉吉市上井町2-5-9 センタービル2F
☎ なし
営 21:00～24:00、土曜20:30～
休 日曜（翌月曜が祝日の場合は休み）
MAP：P109 B-3

中野さんのオススメポイント！

長身でゴルフが大好きなゆめかママ。ゴルフの話をとことんできます！ いつもトークが楽しくて、ほかのキャストも会話力が素晴らしいんです。

1

2

1）大きめのテーブルの上にキレイに並べられたお菓子はセットに含まれる。2）聞き上手のママがいるから話が広がる。真剣な話も親身になって聞いてくれるのが嬉しい。3）笑顔あふれる店内。キャストたちと仲良く話をするママの姿が印象的だった。実はママもキャストもみんなゴルフをするそうで、コースを回るのが休日の楽しみだという。ゴルフのスコアやコースの話になると、熱が入る様子があった

螺旋階段を上ってお店のドアを開けると、大きく書かれたお店のロゴが目に入る。一段上がって広がる内装は、リラックスできる空間だ

多くのスナックが生きるディープタウンへようこそ

市内が夜を迎えて辺りが暗くなり始めた頃、煌々とネオンの看板が光り出し、店内からは賑やかな笑い声や楽しそうな歌声が聞こえてくる……。ここ倉吉は、牛骨ラーメンに負けないくらい、スナックが軒を連ねている。20代の若い女の子が元気に営業する店から、街の移ろいを静かに眺めながら、著名人たちを迎え入れてきた歴史ある店まで、ジャンルも様々なスナックには、癒しを求めて平日、休日

? 倉吉のスナック事情

カウンター越しに、30～40代くらいのママが接客を行い、お客との会話やカラオケを楽しむのが、いわゆる一般的なスナック。倉吉も基本的には同じだが、ボックス席があり、隣に女性が座るラウンジのようなお店や、ママが20代で、比較的若い女性が多いお店も総称して「スナック」と呼ばれる。ママの服装もドレスであることが多く、一見するとスナックには見えないお店も多い。また、カラオケがない店も意外に多く、会話やお酒を楽しむことがメインの店舗もある。1軒目からスナックを利用するお客が多いのも特徴で、スナックを居酒屋のように利用する人も多い。1セットの料金は1,500～4,000円と、店によってばらつきがあるのも特徴のひとつだ。

Snack #3

TEIRA

倉吉スナック界の超新星では若いママが笑顔で迎えてくれる!

右）お菓子、おつまみなどは、テーブルチャージに含まれている。左）お酒はリーズナブルな価格で楽しめるので、気軽に立ち寄れるのが嬉しい

スナックデータ

席数：ソファ席３卓、カウンター７席
価格：時間制限なし・テーブルチャージ1,500円（ドリンク１杯700円〜）、キャストは１杯500円〜
オープン：2023年
スタッフ人数・年齢層：４〜８人・20〜30歳
ジャンル：ワイワイ
カラオケ：あり（1曲200円）
その他メニュー：フードなし、出前あり

2023年２月にオープンした『TEIRA』は、26歳の南さんとゆうかさんが、二人三脚で営業をしている。ママを務める南さんとゆうかさんは、倉吉が地元の同級生。高校卒業後に大阪のクラブで働いた後、「地元に戻って一緒にお店を始めよう」という同じ目標を持ち、念願かなっての開業となった。「一人では実現しなかった夢です」と話す南ママ。週末はもちろん、平日も多くのお客が訪れ、地元住民に愛されている様子が伝わる。

「誰がいつ来ても満足してくれるような接客にしたいんです」と話す南ママ。店名の『TEIRA』は、沖縄で「太陽」を意味する言葉と知り、明るく楽しいお店にしたいという想いで命名。この日の夜も笑い声が絶えなかった

★ 南ママ

初めての人でも入店しやすいように、低価格を目指したという。「価格は下げつつ、基本は７〜８名のキャストを用意しています」とお客への配慮も素晴らしい

向井さんのオススメポイント!

程よい広さの店内は、清潔感があって良い！ 倉吉イチ安いのではと思うほど、良心的な価格が嬉しいです。一緒に盛り上がってくれるママやキャストがいます。

Data
ティーラ
所 倉吉市山根567-6
☎ 0858-26-2250
営 20:00〜24:00
休 日曜
teira_kurayoshi
MAP：P109 B-4

3

2

1

1）オープン１年未満で、お客も驚くほどのボトルキープの数。棚に入りきらなかったボトルが、カウンターまであふれているほどだ。2）姉妹のようにそっくりな南さんとゆうかさん。3）曲線の珍しいカウンターが特徴的な店内。白を基調とした、清潔感がある雰囲気だ

問わず多くのお客が訪れる。夜が更け始める頃、代行車が次々と道路脇に列をなしていたら、そこは間違いなく人気店と言えるだろう。

そんな倉吉市内のスナックをよく知るのは、倉吉市商工会議所青年部に所属し、共に自営業を営む中野雅斗さんと向井寿孝さん。二人とも仕事上、スナックへ飲みに行く機会は多いというが、ある共通の飲み会で知り合ったことをきっかけに、最近は一緒に飲みに行く機会も多いという。「さぁ、今日はこれからどこに行こうか！」と軽い足取りで夜の街へと消えていく中野さんに、苦笑いをしながら次々とお店の候補を挙げてついて行く向井さん。日々、倉吉でディープな夜を過ごす個性豊かなこの二人に、ママと一緒にお酒を楽しんでもらいながら、おすすめスナックをとことん紹介してもらおう。

夜の白壁土蔵群はとても暗く、観光客も消え、昼とは違った一面を見せる。『ボヌール』は、訪れる前までは二人にとってハードルが高い店だったという。「昔は高級店で、若い頃はなかなか来られなかったんだけどね……」と中野さん。倉吉市で行われるちびっこ相撲の「桜ずもう」の開催後には、商工会議所の大会関係者たちも、ここで打ち上げをしていたことはよく聞

Gran Deur

ウイスキーを飲みながら楽しそうに話をするママと、中野さんたち。この日は好きなウイスキーの銘柄や年代で盛り上がる

上）カウンター越しに笑顔で乾杯するママと中野さん。二人のテンポ良い会話に、キャストも笑顔に。下）おしゃれなお皿にのせられたサラミやチーズなどのおつまみ

ベテランママに会いに スナック通たちが足を運ぶ

スナックデータ

席数：ソファ席８卓、カウンター６席
価格：60分１セット4,500円
（ビール・焼酎・ウイスキー・ブランデー、水、氷、おつまみ付き）、
キャストは１杯800円　オープン：2011年
スタッフ人数・年齢層：7人・23～35歳
ジャンル：しっぽり　カラオケ：なし　その他メニュー：フードなし、出前あり

Data
グランドール
所 倉吉市上井町213-9
☎ 19:30～翌1:00
営 0858-24-6212
休 月曜
MAP：P108 B-3

「お客さんもキャストも、みんなが楽しくいられる空間がお店の理想です」と真っ直ぐな目で語ってくれたのは、2023年の11月で13年目を迎えた『Gran Deur』のママ。ママ歴２年目のまゆさんが引っ張るこの店は、ウェイトレスやボーイも在籍しているので、キャストが接客に専念でき、お客との会話に集中して楽しめることが特徴だ。コロナ禍前の賑わいを目指しているというまゆママだが、目指す光景はすぐに実現できそうだ。

★まゆママ

この仕事を始めて十数年目。倉吉は親切な人が多いと感じているという。「お店にいらっしゃるお客様のほとんどは常連さんですが、皆さんとても優しいです」

右）カウンターとソファ席がある広々とした店内。奥の広い席は一段高くなっている。左）シャンデリアやミラーボールで装飾されている

中野さんの オススメポイント！

ノリが良くてどんな会話もひろってくれるママさんが素敵なお店です！ ここは広い店内で内装も豪華で雰囲気が良いので、大人数で飲みに行く時にもぴったり。

く話だったとか。ほかにも琴欧州などの有名力士たちが訪れることもあり、数々のママの武勇伝だけでお酒がすすんで仕方ない。歴史ある雰囲気の店内を見ながら、静かに話を聞いて飲んでいる向井さんだったが、「もっと来てくれてもいいのよ」と笑うママに、終始やや緊張気味の中野さんの姿もあった……。

『ダリア』と『ティーラ』の２軒は、今回紹介する他店と比べて、開業してから日が浅いものの、すでに連日お客が集う人気店だ。とはいえ、その毛色は若干異なっている。落ち着いた雰囲気で、キャストもお客の話を聞きながら会話を広げていくのは『ダリア』。お客と一緒に賑やかに楽しんでいる、元気なキャストの様子があるのは『ティーラ』といったところだろうか。お店の雰囲気もその印象と合っている。ママさんは雰囲気あるお姉さん系の『ダリア』と、元気でよく笑ってくれる妹系の『ティーラ』という印象がある。『ダリア』のママと仕事やプライベートの話をしながら、楽しそうに会話をしている中野さんと、『ティーラ』のママに笑顔でカラオケをすすめられて、ちょっと困った様子の向井さんの姿が印象的な夜だった。

きらびやかな外観に大きく店名が入った『グランドール』は、店内も豪華で、いわゆるスナッ

右）ボトルキープされた角瓶や焼酎の瓶の数々が、ライトアップされた棚に並べられている。ボトルは4,000円～。左）キープ期限がないのでボトルを入れるお客が多い

上）カウンターは一段高い造りになっており、キャストの様子がよく見える。下）「二人ともよく来てくれますが、毎日来てくれたら嬉しいかな」とはるかママがチクリ

Snack #5

Rose

その立ち寄りやすさが人気の秘訣 気軽に大人の夜を楽しむなら、ここだ

スナックデータ

席数：ソファ席２卓、カウンター６席
価格：60分１セット4,000円（ビール・酎ハイ・焼酎・ウイスキー・ブランデー、水、氷、おつまみ付き）、キャストは１杯700円～
オープン：2012年
スタッフ人数・年齢層：４人・20～35歳
ジャンル：しっぽり　カラオケ：あり（１曲200円）
その他メニュー：フードなし・出前なし

今年で12年目を迎えるこちらのスナック。ドアを開けると小ぢんまりとした店内で、初めてでも緊張感なく、入りやすい空間なのが最大の魅力かもしれない。34歳のはるかママが、自分でお店を持とうと決意してから早11年。「こんなに長くできるとは思いませんでした」と語るが、気付けば多くの常連客がつくお店へと成長した。休む店が多い日曜でも営業しているので、スナックによく行くお客の中でも、重宝されている一軒だ。

Data
ローズ
所 倉吉市上井町1-13-5
レインボープラザ倉吉1F
☎ なし
営 20:00～翌1:00
休 月曜
MAP：P109 B-3

笑顔で接客するはるかママとももさん。中野さんのギャグにツッコむももさんが面白い。「向井くんのほうが俺より来てるでしょ!?」と中野さん

＊はるかママ

冷静で大人っぽい雰囲気のはるかママ。休みの日はお酒は飲まず、家で過ごすことが多いというインドア派。「とにかく楽しく帰ってもらうこと」がモットー

向井さんのオススメポイント！

日曜や他の店が開いていない日でも、だいたいここは営業しているのでありがたい！ 小ぢんまりとした隠れ家的な空間で、ママとカラオケが楽しめます。

クの雰囲気をあまり感じない。もしかして、ハードルが高いのでは……と不安を感じるかもしれないが、心配ご無用。気品あるママがお客の会話に合わせて、テンポよく話している様子が頼もしく、近くで聞いているだけで思わず笑ってしまうほど面白い。「ウイスキーは山崎より白州のほうが好きですね～。クセ強くて！」と話すママに対し、「女も男もクセある方が良かったりするから！」という、ちょっとした爆弾発言をする中野さんの話で場が盛り上がる。男と女と酒が話のテーマになると、あっという間に夜が更けるのは、どこに行っても同じようだ。

「最近あんまり来てなかったんだよね……」と静かにこぼす中野さんに、「毎日来てね！」とやや本気モードで話すのは『ローズ』のママ。「中野さんは普段からみんなでワイワイ飲むのが好きで、向井さんは一人でワインとか飲んでそう！」と的確な2人のイメージに、全否定の両者。お互いの本当の姿を冗談交じりに紹介し、いじり合う二人の仲に楽しそうに参加するママやキャストの姿がほほえましい。

年齢も雰囲気も十人十色のママたち。常連客はもちろん、勇気を出してドアを開けたお客にも優しく楽しい時間を提供してくれる。さあ、今日はどこのスナックに行きますか？

KURAYOSHI

Touching Moment

かつて、山陰本線の倉吉駅から関金の山守駅まで約20㎞を結んでいた国鉄倉吉線は、1985年に廃線となった。いまはその線路を竹林が覆い、“日本一美しい廃線跡”とも言われる幻想的な風景が広がっている

かけがえのない地元の一瞬を切り取った

倉吉百景

当たり前のように何気なく過ごしているけれど、
毎日少しずつ違う、街の様子。
普段はあえて写真に撮ることがない
愛すべき地元の日常を切り取ってみました。

200円

BREW
LAB

POST

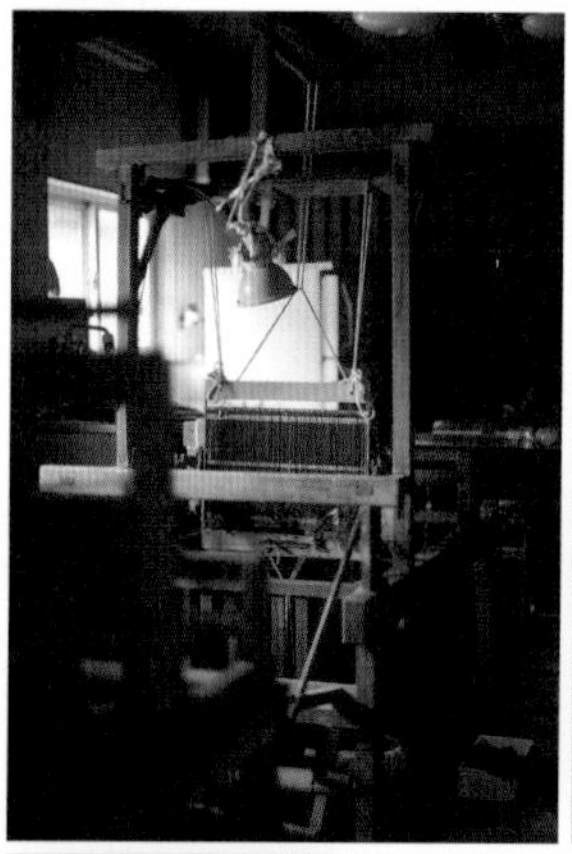

銀 河
PACHINKO

倉吉印の美食案内

まだ見ぬ美食を求め、街へ出かけよう。

豊富な日本海の海の幸と、奥深い山陰の山の幸に恵まれた倉吉エリアには、まだまだ知られざる美味が眠る。ぜひとも訪れたい13店舗を厳選してご紹介。

写真＝齋藤ジン／野口祐一／長谷川祐也／深澤慎平
文＝弥富文次／福井晶／高橋さくら

美しく盛られた「刺盛（1,760円）」は看板メニュー。信頼のおける地元の魚屋に頼んで旬のものを仕入れ、ラインナップは日ごとに変わる。この日は境港で上がったチカメキントキやチヌ、水ダコや白イカ、クエなどが並んだ

3

2

1

1）「わさび天ぷら（660円）」は大葉でわさびを包み天ぷらに。衣はサクサク、ツンとくるわさびが鼻に抜ける。チビチビと齧り、日本酒をくいっとひと口。2）網代産の「モサエビの塩焼（990円）」。パリッとした食感と驚くほど強い旨味が特徴。塩は粗く歯応えのあるフルール・ド・セルを使う。3）「里芋しんじょう」はコース料理（4,000円〜）の一品

1 倉吉印

実直な手仕事が胸を打つ 旬の食材と日本酒が愉しめる店

味処 進

Area／倉吉

あじどころ しん

右）長くお店を続けられたのは幸運だったと謙虚に語る、店主の赤坂さん。左）店内はカウンター席のほか4名用、6名用の個室もそれぞれ備える。大人数での訪問に対応可能なのも嬉しい

ハイクオリティな旬の山菜と魚が味わえる、言わずと知れた倉吉屈指の人気店がこちら。店主の赤坂信行さんは、地元の和食店で12年間修業したのち、26年前に独立。以来、変わらぬ情熱と丁寧な手仕事によりお客に愛され、移転のたびにお店は大きくなった。そんな『進』だが、お店のコンセプトはあえて決めていないと赤坂さん。「日によって天気やお客様の雰囲気も違いますし、自分の気持ちも日々変わる。だから何かひとつの考えに固執せず、常に進化しながら旨い料理を提供したいんです」と話す。赤坂さんがひときわ心を配るのが刺身だ。自身が好きだということもあり、最良の状態で旬の美味しい魚を供する。そのひと皿からは、真摯に食材と向き合う店主の想いがあふれている。

湯葉は蒜山の豆腐店から仕入れ

クリームチーズとオリーブオイルを使った「アスパラ湯葉チーズ（770円）」

Data

所 倉吉市上井町2-7-1
☎ 0858-26-9366
営 17:00 〜 23:00（L.O.22:00）
休 日曜（月曜が祝日の場合は営業）、ほか月2回月曜休み **MAP：P109 B-3**

右）旨味が凝縮された「穴子一夜干し（990円）」は絶品。左）日本酒は1合900円〜。店主自ら蔵元に足を運び、製法や造り手の想いを聞いて仕入れる。食中酒として料理を引き立てるまろやかな酒を中心に取り揃える

右）料理はすべて9,900円のコースから。「カツオの冷製」は戻りガツオにキウイとセロリのピクルスなどをのせ、パウダー状にしたへしこで旨味を加える。左）魚の冷菜「サバと湯葉」。炙り〆サバにブルーチーズとマリネした柿をのせ、レモンコンフィを濾したソースでいただく

店は完全予約制。畳の個室でゆったりとフランス料理と酒のペアリングを愉しめるのが魅力だ

2 倉吉印

ミシュランガイドも認めた 唯一無二の独創的フレンチを

Bistro Du Coeur

ビストロ ドゥ クール

Area／倉吉

シェフの柴山一徹さんは池袋のワインバルなど約25年を東京で修業。その間に料理の基礎を学びつつ、フレンチは各地の名店を巡り研究を重ねた。そして2017年に倉吉で独立。コンセプトは、“近海で捕れた旬の魚と、日本人の身体に馴染む自家製の天然調味料を用い、フランス料理の考え方をベースに構築する独創的な料理”だ。フレンチでは通常バターなどの油分を多く使うが、ソースにとろみを出すにもバターではなく葛粉を使うなど工夫を凝らす。また、調味料も多くは自家製。たとえば、旨味を加えたい場合は野菜の皮やキノコの軸を発酵させたソースを作ったり、自家製の醤麹を用いて塩味を加えたりと、手間暇を惜しまない。その作り込まれたひと皿は、驚きと感動を呼ぶ。

3

2

1

1）グラスワインは800円～。右は熟成した旨味が特徴のオレンジワイン「ジョージアン・サン」。左はボルドーの力強さを感じる赤「ペサック・レオニャン」。2）アミューズは白イカを炙り、アスパラガスとクレイジーピー（えんどう豆の新芽）をのせた一品。3）フレンチの魅力を伝えたいと話す柴山さん

Data
所 倉吉市上井町2-12-10
☎ 0858-26-0506
営 18:00～23:00（最終入店21:00）
休 月曜、ほか不定休あり
（前日までの完全予約制）
MAP：P109 A-3

赤身の旨味が強く軟らかい肉は必食！

「鳥取和牛のグリル」は冷えた状態で表面1㎜を焼き、ヒートランプに約1時間晒して温めた後、最後にもう一度火入れする

1

2

3

4

5

6

写真はすべておまかせの一例。1）塩で〆たノドグロの炙り。島根の浜田産を用い、半日ほど〆て味を凝縮させる。2）境港産の戻りガツオ。ニンニクともみじおろしにポン酢をかけ、青ネギとともにいただく。3）赤碕港で捕れた旬の白イカ。糸造りを施しており、口の中ですっと溶ける絶品だ。4）強い甘みが広がる和歌山産本マグロの漬け。一貫分を握る直前にサッと漬ける。5）隠岐島産の赤ウニはクセがなく後味は濃厚。6）棒鮨は鳥取・御来屋漁港の定置網で捕れたサバを使用

3 倉吉印

一級品の本格鮨をリーズナブルな値段でいただく

すし 誠十郎

Area／倉吉

すし せいじゅうろう

地元でなかなか予約が取れないと評判の人気店。大将の渡辺誠治さんは大阪で10年ほど修業し、2002年にこちらをオープンした。出身の岡山県蒜山ではなく倉吉で店を構えたのは、新鮮で美味しい魚を仕入れやすいからと話す。ネタには地物の魚を使うことを重視し、魚種もたくさん用意するのではなく、旬の味覚を味わってもらうため毎日変えている。シャリには蒜山産の米を使い、酢は米の旨味を引き立てるため、クセのないものをブレンドせずに使用。また、日本酒は県内、県外を問わず旬の銘柄をセレクトし、常に入れ替える。そしておまかせは6,600円からスタートし、1,100円ごとに11,000円までなんと5つのコースが用意されている。予算によって決められるのが嬉しい。

真摯な眼差しで鮨を握る大将の渡辺誠治さん。柔らかい人柄も相まって予約必須のお店となっている

Data

所 倉吉市山根635-3
ポールポジションビル 1F
☎ 0858-26-5671
営 18:00 ～ 23:00
休 月曜
MAP：P109 A-4

旬の旨味を存分に味わって！

右）浜田産のノドグロを塩焼きに。引き締まった身に脂がのっており、日本酒がすすむ。続く握りへの期待も高まる。左）黒鮑の蒸しアワビは肝のソースをつけていただく。歯応えは残しつつ軟らかく仕立てた食感と、肝の旨味が広がる味わい深い逸品だ

右）ケースにはその日のネタが並ぶが、種類は近郊の港で捕れた魚介を中心に、大将が厳選したものに絞る。左）凜としたカウンター席のほか、奥には4人がけのテーブル席を2つ備える

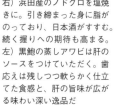

右）カツオやイカ、タコなどがのった「造り盛り（1人前1,200円）」。少しずつたくさんの種類を楽しめるのが嬉しい。左）店主の大村日出輔さんは倉吉出身。20代の頃から料理が好きで、昼は会社員として働きながら夜は酒場で修業する二足のわらじで腕を磨いた

3

2

1

1）ブルーチーズを溶かし込んだ茶碗蒸しに、カツオと昆布出汁の餡をかけた「ブルーチーズの茶碗蒸し（600円）」。鼻に抜ける香りを堪能したら、酒で追いかける。2）自家製のゴマ豆腐を使った「ごま豆腐揚げ出し（500円）」は、上品でありながらおつまみとしても優秀。3）鳥取のブランド魚でもある脂がのった「ハタハター夜干し（650円）」は身の弾力が◎

右）カウンターとテーブル席があり、ファミリー客も訪れるという。取材日は、常連客の予約でテーブル席が埋まっていた。左）日本酒は「鷹勇」や「獺祭」など、常時7種類ほど。1合450円から。季節替わりの鳥取の地酒も揃う

4 倉吉印

欲張りな酒飲みに捧ぐ肴の数々は、美味しい地酒で

あぜくら

Area／倉吉

倉吉で19年目を迎える人気居酒屋。メニューの先頭に並ぶのは、地元の境港、賀露で水揚げされた日本海の魚介だ。中でも食べてほしいのが「造り盛り」。ノドグロの炙り、水ダコ、カワハギ、カツオのたたきなど7種類ほどを味わえ、地酒をちびりとやれば、とことん飲みたくなってしまう。焼き魚、煮魚も心惹かれるうえ、「ごま豆腐の揚げ出し」をはじめとした、呑兵衛の心躍るひとひねり加えたメニューも良い。寿司や魚を使ったお茶漬けなど、〆まで完璧だ。「美味しいのも大事だけど、面白がってもらいたい」と店主の大村さんは笑顔で話す。一緒に働くスタッフの明子さんも、その味に惚れた元常連客。料理に合わせたおすすめの地酒を、好みに合わせて丁寧に教えてくれる。

Data
所 倉吉市山根606
☎ 0858-26-8015
営 18:00～24:00
休 日曜
MAP：P109 B-3

5 倉吉印

自然の恵みをさらに美味しく昇華させた、贅沢な山菜料理

谷川天狗堂

Area／三朝

たにかわてんぐどう

創業100年以上と歴史あるこちらは、山菜を使った定食やうどんが人気。三徳山の登山客が、汗をふいてひと休みするスポットとして知られている。家族で経営を続け、現在四代目を務めるのは店主の谷川久徳さん。家族で協力しながら採った三徳山の美味しい山菜を、時期に合わせて提供している。キレイな地下水を使い、鳥取県産の大豆を使用した豆腐も、こちらの顔。現代では珍しく薪火で大豆を煮て成形をするという、手間のかかる工程を経て、大豆本来の旨味を生み出す。休みがほとんどなく大変さもあるというが、「お客様に喜んでもらえるような丁寧な料理を、今後も変わらず提供したい」と笑顔で話す谷川さん。心の込もった料理を、自然のありがたみに感謝していただこう。

Data
所 東伯郡三朝町三徳998
☎ 0858-43-2663
営 11:00～15:00
休 不定休
MAP：P108 B-2

上）テーブルの座敷は全8席。先に注文を済ませ、着席する。どこか懐かしく落ち着く店内だ。下）谷川さん夫婦。「道なき道を行ってようやく採れた貴重な山菜。ぜひ美味しく食べてください」と笑顔で接客する姿が印象的だった

5

三徳山の自然食材がたっぷり！

人気の「名物 山菜料理（2,200円）」は、わさび漬けと一緒に食べる手作りの豆腐や、旬の山菜天ぷら、煮物やうの花が並ぶ。この日の山菜は「イワタバコ」や「やまぶき」など

1

2

4

3

1）和スイーツ「とち餅コーヒーセット（700円）」。2）山菜のほどよい苦味が出汁と溶け合う「山菜うどん（800円）」。3）山菜は月替わり。その日の山菜がメニューに書かれているので要チェック。4）収穫した栃の実は、アク抜きのために天日干しをする

6 倉吉印

脂滴る鳥取産和牛が自家製醤油ダレでいっそう輝く

美好焼肉店

Area／琴浦

みよしやきにくてん

県内は味噌ダレベースの焼肉店が多い中、創業40年のこちらは自家製醤油ダレを使用する。大阪で修業を積んだ先代から受け継いだ、甘辛く濃い醤油ベースだ。「あっさり味でしたが、お客様の声を聞いて濃い味わいに微調整しました」と二代目店主の山下真二さん。鳥取和牛指定店で、肉はすべて鳥取県産牛を使用。「黒毛和牛特上ロース」は、サッと炙れば脂が滴り艶めく。途中で味変するなら「生卵（50円）」を。すき焼き風にすればタレの旨さが際立ち、ご飯がすすむ。

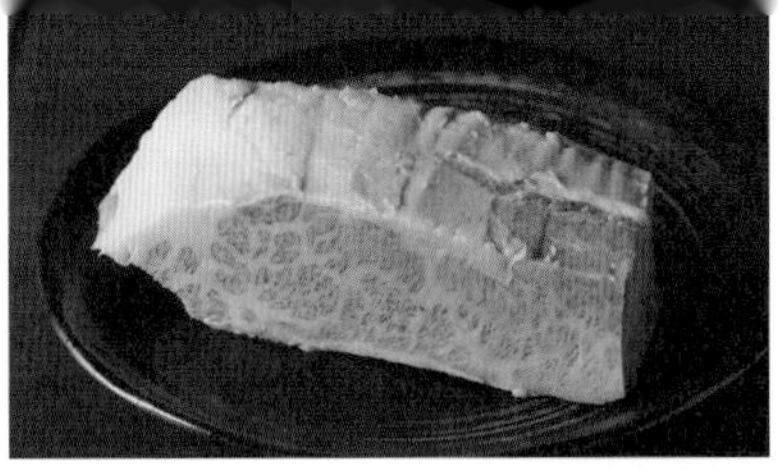

上）脂の美味しさを存分に楽しむなら「黒毛和牛特上カルビ」。写真の塊肉を切って提供してくれる。1人前1,200円。下）毎日肉と向き合い、鳥取県産和牛の素晴らしさを伝える店主の山下真二さん

Data

所 東伯郡琴浦町大字徳万56-8
☎ 0858-53-1129
営 11:00～13:00、17:30～22:00
休 火曜　**MAP：P108 A-1**

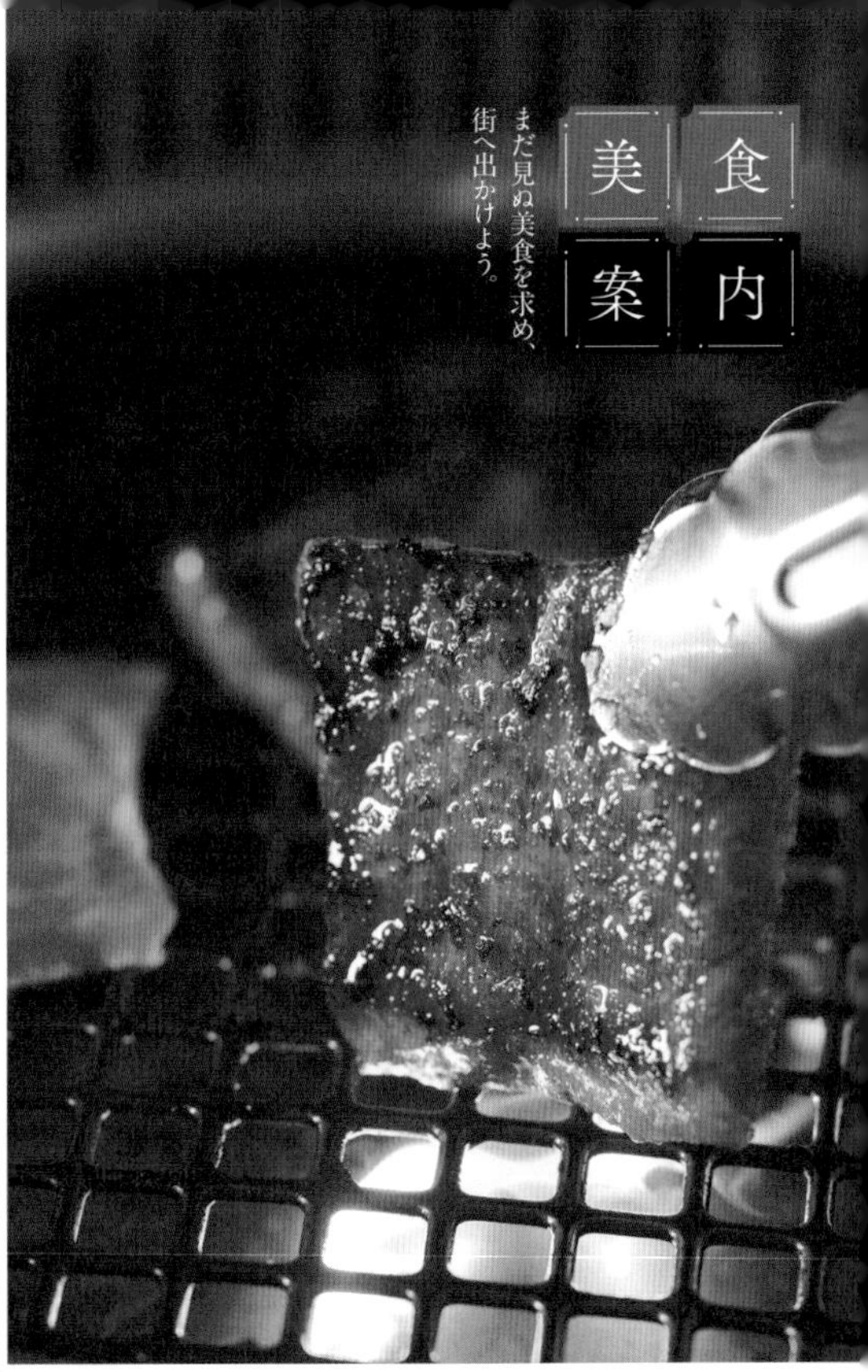

1

脂が滴る、
絶品ロース！

2

3

1）自家製本ダレに漬けた「黒毛和牛特上ロース（1,300円）」。2）上質な牛すじとホルモンを煮込んだ「牛スジホルモン煮込み（500円）」。3）ジュージューと音を立てながらやってくる「石焼ビビンバ（750円）」

店内にはテーブル席と座敷があり、家族連れや会社の飲み会など利用する客層は幅広い。冬はもつ鍋で盛り上がるという

---

7 倉吉印

地元食材とメキシカン。香り高いサルサのタコスに舌鼓

タイニー・キッチン・スムース

Area／湯梨浜

L.A.で音楽留学を経験した店主の米田桂吾さんが、「ライブもできる、地元に根ざした店を」と、留学中に出合ったメキシコ料理をテーマにお店をオープンさせた。友人のメキシコ人のアドバイスを受け、現地の味を再現しつつ、食べやすい味付けに仕上げている。国産のトルティーヤで、日替わりの具材を優しく包んだ「タコス」は必食で、上にかかっているサルサソースは、地元産食材と、青唐辛子やトマティーヨで作る。フレッシュな青唐辛子の香りがビールを誘う。

上）レアに焼き上げたサガリ肉に秘伝のソースをかけた「アラチェラ（1,300円）」。下）この日の「タコス（800円）」の具材は塩コショウでシンプルに味付けしたカルニタス。王道のチリビーンズなど、具材は季節などで変わる

右）「テキーラ（ショット600円～）」は常時30種類以上。現地でしか購入できない銘柄も。左）店主の米田圭吾さんは定期的にメキシコへ渡り、買付けなども行う。音楽と湯梨浜町をつなぐメキシコ料理店を目指しているという

Data

所 東伯郡湯梨浜町旭20
☎ 0858-41-1153
営 11:00～14:00、18:00～22:00 ※予約推奨
休 月・火曜
HP https://tk-smooth.jp/
MAP：P108 B-2

とろとろ玉子の「メキシコ風オムライス（900円）」。ライスはサルサソースの副産物で生まれたソースで味付け

3
4

2

1

1)「サンマとキノコのペペロンチーノ(1,408円)」。サンマは北海道産。パスタはメニューによって麺の種類を変える。2) 赤碕港産「本ガツオのカツレツ(1,408円)」。焦がしバターソースにはフルーツトマトとパセリ、ケッパーを使う。3) シェフの山口さん。4) お店はカウンター席と個室を完備

独自性がうかがえる「おまかせ前菜盛り合わせ(1人前1,320円)」。この日は赤碕港で採れたシロハタのカルピオーネや、焼きナスを豚バラとオレガノで巻いた香り豊かな一品など、10品以上が並んだ。大満足のひと皿だ

豊かな彩りに心も躍る!

8 倉吉印

魚中心の前菜は白ワインに合わせて!

PRIMO

Area/倉吉

プリモ

大阪のイタリアンで10年ほど修業した山口武彦さんが、2014年から地元で営むお店がこちら。イタリアンでは肉料理が供されることも多いが、こちらでは魚をふんだんに使うのが倉吉ならでは。まずは前菜の盛り合わせをいただく。1人前1,320円という価格に見合わないボリュームが嬉しく、そのいずれもクオリティが高い。濃厚な旨味を感じるモサエビのつみれや、境港産本ガツオとウチワハギのカルパッチョ、肉々しさを感じる「ピスタチオとドライイチジクのテリーヌ」などいずれもワインに合う。

Data
所 倉吉市上井町2-3-2 グランシャリオ1F
☎ 0858-26-0544
営 11:30～14:00、18:00～23:00
(月曜はディナーのみ)
休 日曜 primo0408 MAP:P109 B-3

3

好みの薬味で肉が引き立つ!

1

2

1) 店主の中尾さん。肉は最後にワラをくべて強火で一気に仕上げ、丁寧にカット。2) 程よい明るさの店内は落ち着いて過ごせる。3) 備長炭で焼く「肉盛り(3,980円)」

9 倉吉印

一流の肉を手頃に愉しめる普段使いの創作居酒屋

君想うツバメの暮らし

Area/倉吉

きみおもうツバメのくらし

2016年オープンの創作居酒屋。営むのは神戸の中華料理店や焼肉店で修業した店主の中尾隼さんだ。こちらのおすすめは何といっても「肉盛り」。大山どり、ハンガリー産鴨ロース「マグレカナール」、鳥取産黒毛和牛の3種が並ぶ様は圧巻。これらをフランス産のマスタードやフランスの海塩「ゲランドの塩」などでシンプルにいただく。一方で麻婆豆腐などの中華料理も本格的なうえ、酒の種類も豊富。何度でも訪れたい良店だ。

6

5

4) 「麻婆豆腐(950円)」は四川と台湾の2種の豆板醤をブレンドし、自家製ラー油が味に奥行きを与える。花椒粉のシビレもクセになる。5)「肉シューマイ(3個380円)」。豚挽き肉、干しシイタケ、玉ネギの具がみっちり入った一品だ。6) 日本酒は1合880円～。ほか、イタリアのナチュラルワイン「イル ヴェイ」も揃える

4

Data
所 倉吉市上井町2-5-2
☎ 0858-26-2234 営 18:00～23:00、金・土曜、祝前日～24:00
休 日曜(翌月曜が祝日の場合は営業)、ほか月2回月曜休み
kimiomoutsubame
MAP:P109 B-3

1

鳥取県産を使った美味しい料理！

10 倉吉印

鳥取産食材づくしの料理は愛情深いワンランク上の家庭の味

扇雀食堂

Area／倉吉

せんじゃくしょくどう

令和の怪物・伯桜鵬関が慣れ親しんだ味として、一番に挙げられるのはここだろう。伯桜鵬関のことを親しみを込めて「てっちゃん」と呼ぶのは、お店を営む中川さん一家。昭和36年創業のこちらでは、中華から洋食、和食まで多彩な料理の数々が並ぶ。一つひとつを手作りにこだわった料理は、老若男女問わず誰が食べても美味しいと感じる。「いまも昔もお客さんにとって“変わらない”お店を続けていきたいです」という熱い想いが、料理にも接客にも表れている。

3

2

1）初代から受け継ぐ「ギョーザ（550円）」は、お店の看板メニュー。キャベツなど野菜が多めで優しい味だ。2）「おまかせ定食（1,000円）」は小鉢やメインが日替わり。3）フワフワの「明石焼き（650円）」はほかにはない味。4）鳥取県産の鶏ガラと白バラ牛乳を使った「鳥取牛乳麺（650円）」はブラックペッパーがアクセントに

二代目の中川さん夫妻を支えるのは、三代目の中川さん兄弟とその家族たち。息の合ったチームプレーと笑顔あふれる厨房の様子に、頼もしさを感じる

4

Data
所 倉吉市大正町1079-8
☎ 0858-22-2747
営 11:00～13:00、17:30～20:00
休 日曜、祝日　senjakusyokudou
MAP：P111 C-2

---

11 倉吉印

本場の讃岐うどんを食せる鳥取中部でも希少な店

北条製麺所

Area／北栄

ほうじょうせいめんじょ

2009年から北栄町に店を構える自家製うどんの人気店。こちらでは、鳥取中部では珍しい讃岐うどんを提供する。小麦粉は2種類をブレンド。前日に生地を作ってひと晩熟成させたものを毎朝手打ちするため、しっかりとコシのあるうどんに仕上がる。出汁には北海道産の昆布や、カツオ、ニボシ、雑節を使用。「気軽に訪れてほしい」と話すのは店長の小橋敏博さん。「近くのサラリーマンの方や、作業着や部活帰りのユニフォーム姿の方でも入れる日常に根ざしたお店です」

右）北条オートキャンプ場に面し、広々とした店内。県外からのお客も多い。左）うどんはコシを出すために打ちたて、切りたて、湯がきたてを提供するのが信条だ

1

ねばりっことうどんが相性バツグン！

1）「山かけうどん（中 430円）」。北栄町産のねばりっこは通常の山いもよりも粘りが強く濃厚な味。2）「牛スジカレーうどん（中 540円）」は牛スジと玉ネギを飴色になるまで約4時間炒め、スパイスを加えて作る自家製カレーを使用。3）ジューシーな「とりもも天（160円）」、「牛肉コロッケ（120円）」などを揃える

3

2

Data
所 東伯郡北栄町田井498-1
北条オートキャンプ場横
☎ 0858-36-5001
営 11:00～麺がなくなり次第終了
休 なし　MAP：P108 B-1

サクサクのアップルパイ！

右）大山の小麦とバターを使った、手作りの「贅沢アップルパイプレート（680円）」。左）人気のサンドイッチやキッシュ、ケーキやフルーツサンドがのせられた「アフタヌーンティー（2人前3,300円）」は、アイスやドリンク付き。具だくさんのサンドイッチはランチメニューでも人気だ

12 倉吉印

贅沢なアフタヌーンティーで優雅なカフェ時間を

Barcos Coffee

Area／倉吉

バルコスコーヒー

天神川沿いにある、倉吉発祥の人気アパレルメーカー『BARCOS』の隣にカフェができたのは、2020年。BARCOSが手掛けるカフェは、鳥取の良質な食材で作るパンやサンドイッチを中心に日々のライフスタイルを彩るような料理を提供する。彩り豊かで断面がきれいなサンドイッチは、アボカドサーモンやBLTサンドなど、5～8種類が店頭に並び、レシピは30種類以上あるという。1日5組限定のアフタヌーンティーも人気で、日常の午後を特別な時間に変えてくれる。

右から、オープンから働くスタッフの山岡さん、代表の芦田マスヨシさん、スタッフの槙本さん。3人でお店を営業している

テーブル席だけでなくカウンター席も用意しているので、一人での利用も大歓迎。おしゃれなシャンデリアが目を引く

Data
所 倉吉市中江48-1 BARCOS本社隣
☎ 0858-27-1365
営 11:00～16:00　休 木曜
URL https://barcos-coffee.jp/
MAP：P108 B-2

---

13 倉吉印

和食ひと筋の大将が営む、常連になりたい名居酒屋

食楽 二代目 力

Area／倉吉

しょくらく にだいめ ちから

5

6

4

4）冷やおろしの山口「雁木」や福井「黒龍 秋あがり」、高知「美丈夫」など旬の酒を取り揃える。いずれも1合880円。5）「活〆穴子白焼き（880円）」。皮目はパリパリに焼き、身はほろりと崩れる絶妙な手仕事だ。雪塩をつけていただくのも◎。6）境港産の「ふぐ唐揚げ（1,000円）」。あっさりとした身はそのまま食し、骨の部分は手でかぶりつく

1

大根おろしが餡と絡む！

3　2

1）この日のお通し（奥）は境港産のあん肝豆腐。ミシュランプレートにも選ばれた「とろーり大根 豚角煮あんかけ（780円）」は、大根おろしを葛粉と合わせて練り、型を取って揚げた名品。とろっとした食感で、大根の辛味が香る。2）「ソウダガツオのたたき（880円）」は旬の境港産。醤油に浮くほど脂がのっている。3）店主の秋山さん

2012年8月から営む名店。店主の秋山太郎さんは、三朝温泉の斉木別館で約8年修業したのち、岡山県の料理店などで料理長を歴任。そして父親が50年ほど営む『力寿司』の隣にこちらを開いた。「昔はこの周辺は賑やかな繁華街だったんですが、だんだん人が少なくなっていった。元には戻らないかもしれないけど、できる限り当時の勢いを取り戻したいんです」と話す。供されるのは秋山さんの経験が存分に発揮された、和食をベースにした一品料理。今日も地元住民の笑顔のために磨いた腕をふるっている。

Data
所 倉吉市明治町1017-52
☎ 0858-24-5822
営 17:00～22:00（L.O.21:30）
休 日曜（翌月曜が祝日の場合は営業）
MAP：P111 C-2

KURAYOSHI AREA MAP

倉吉エリアマップ

行ってみたいお店、改めてじっくり見たいスポット……
本書を片手に、倉吉の魅力を感じてください！

倉吉市広域図

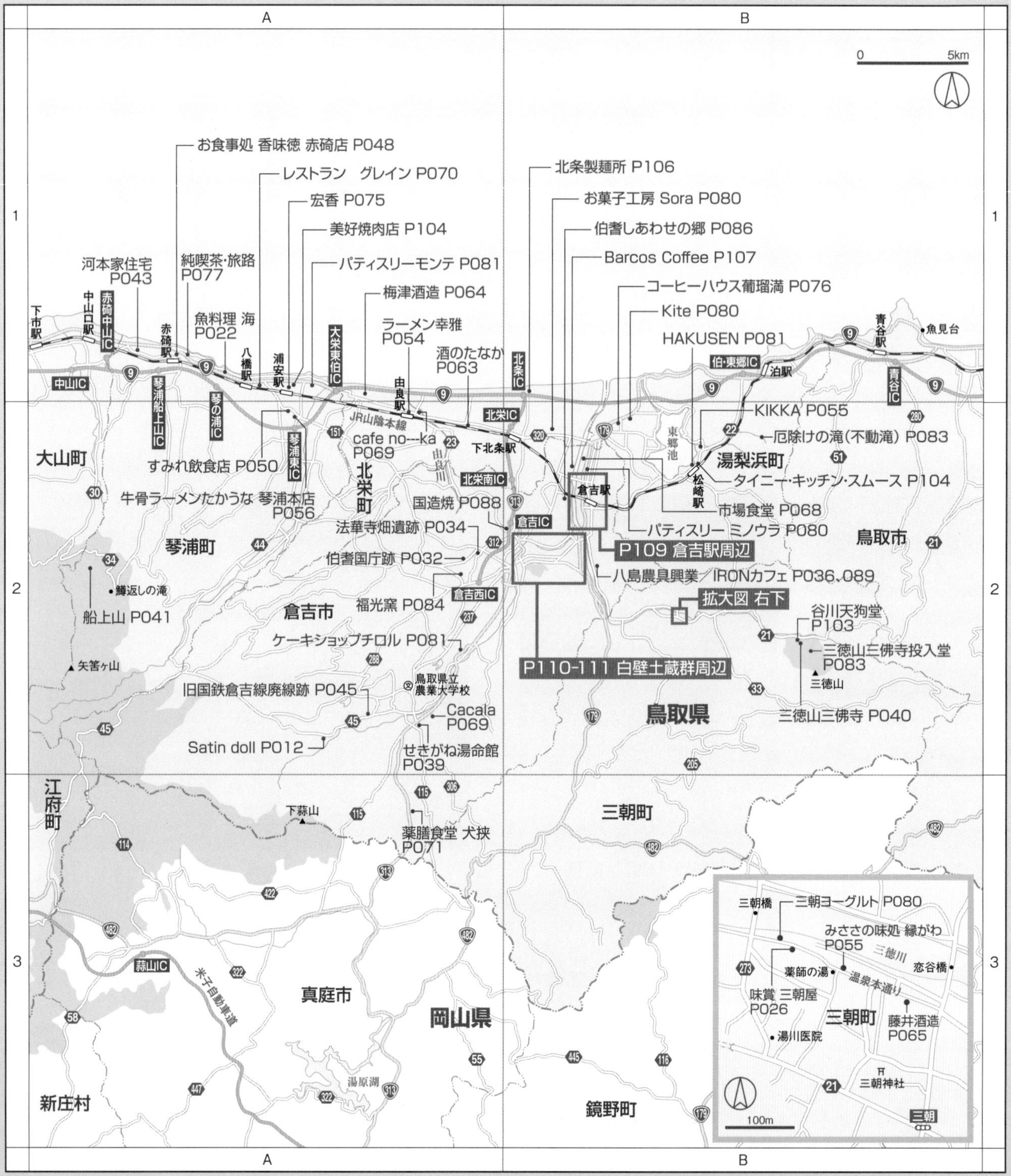

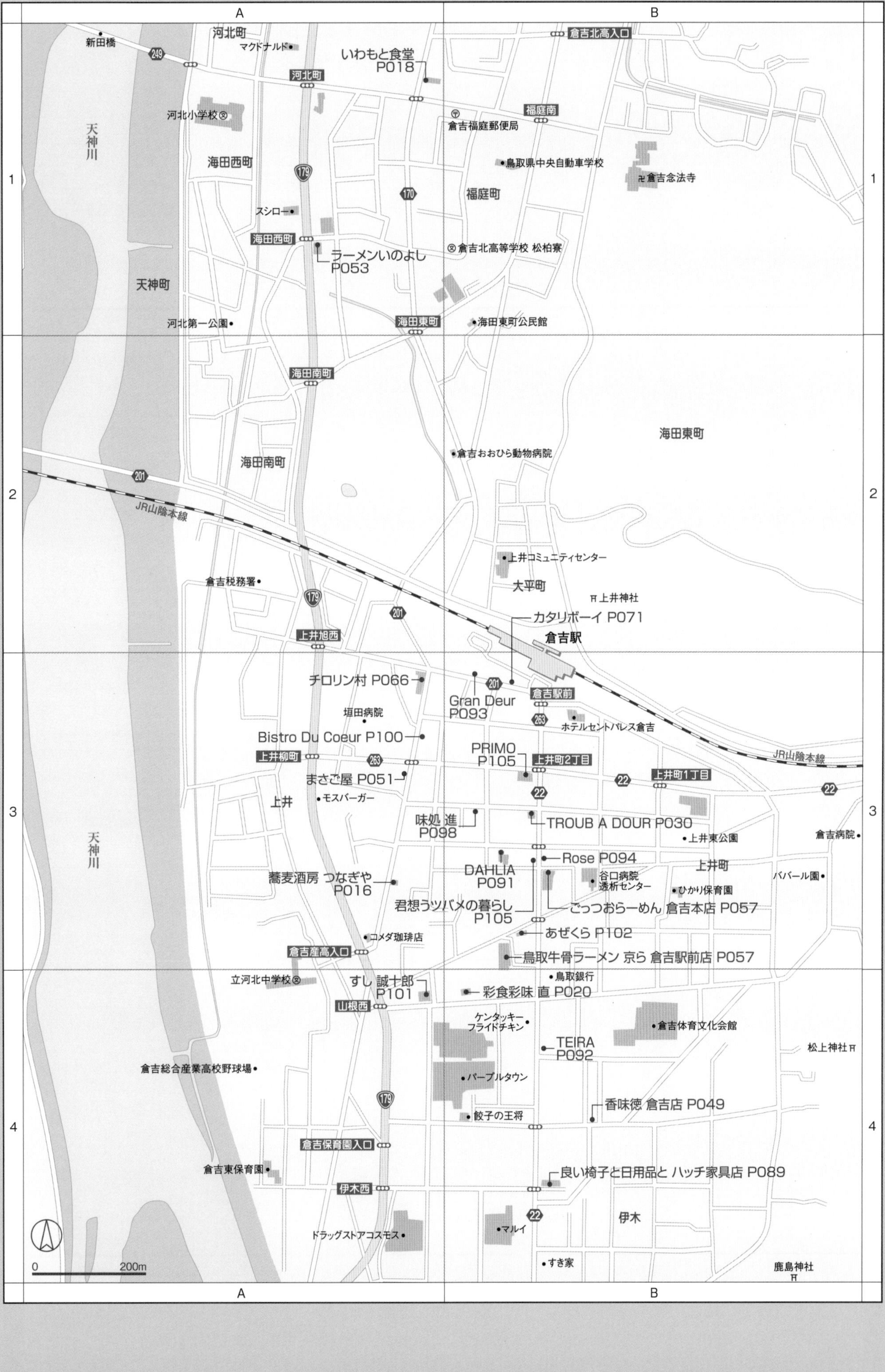
A
B
1
2
3
4
新田橋
249
河北町
マクドナルド
いわもと食堂
P018
倉吉北高入口
河北町
福庭南
河北小学校
倉吉福庭郵便局
天神川
海田西町
179
鳥取県中央自動車学校
倉吉念法寺
170
福庭町
スシロー
海田西町
ラーメンいのよし
P053
倉吉北高等学校 松柏寮
天神町
河北第一公園
海田東町
海田東町公民館
海田南町
海田東町
倉吉おおひら動物病院
海田南町
201
JR山陰本線
上井コミュニティセンター
倉吉税務署
大平町
上井神社
179
201
カタリボーイ P071
倉吉駅
上井旭西
チロリン村 P066
201
Gran Deur
P093
倉吉駅前
垣田病院
263
ホテルセントパレス倉吉
Bistro Du Coeur P100
PRIMO
P105
上井柳町
263
上井町2丁目
JR山陰本線
22
上井町1丁目
22
まさご屋 P051
22
上井
モスバーガー
味処 進
P098
TROUB A DOUR P030
上井東公園
倉吉病院
Rose P094
天神川
上井町
DAHLIA
P091
谷口病院
透析センター
ババール園
蕎麦酒房 つなぎや
P016
ひかり保育園
君想うツバメの暮らし
P105
ごっつおらーめん 倉吉本店 P057
あぜくら P102
コメダ珈琲店
倉吉産高入口
鳥取牛骨ラーメン 京ら 倉吉駅前店 P057
立河北中学校
鳥取銀行
すし 誠十郎
P101
彩食彩味 直 P020
山根西
ケンタッキー
フライドチキン
倉吉体育文化会館
TEIRA
P092
松上神社
倉吉総合産業高校野球場
パープルタウン
179
香味徳 倉吉店 P049
餃子の王将
倉吉保育園入口
倉吉東保育園
良い椅子と日用品と ハッチ家具店 P089
伊木西
22
伊木
ドラッグストアコスモス
マルイ
0
200m
すき家
鹿島神社

D
E
F
1
2
3
4
倉吉大橋南
巌城橋西詰
見日町東
236
三明寺古墳
山名寺
巌城
見日町
中部総合事務所先
21
ローソン
161
村上神社
179
石谷精華堂 P078
東巌城町
38
幸町
東昭和町
312
小鴨川
厚生病院東口
鳥取県立厚生病院
倉吉東高入口
エディオン
倉吉郵便局
マロニエ通り
東中学校
宮川町
sept
P028
すずかけ通り
宮川町2丁目
山陰合同銀行
東中学校前
ローソン
南昭和町
宮川町
205
宮川ロータリー
倉吉市営温水プール
倉吉市立図書館
上灘中央公園入口
マロニエ通り
大岳院
荒神町
てけてけ P070
東宝ストア
ふしみや
P079
上灘コミュニティセンター
東町公民館
倉吉パークスクエア
鳥取県立倉吉未来中心
大御堂廃寺歴史公園
成徳コミュニティセンター
鳥取二十世紀梨記念館
なしっこ館
大御堂廃寺跡
大御堂廃寺跡の溜桝
東町
湊町
市役所通り
すずかけ通り
下田中町
上灘町
住吉町
住吉神社
ハローワーク 倉吉
隆泉寺
菓子蔵楽部 倉吉舎
P079
稲荷神社
上灘小学校
賀茂神社
スーパーホームセンター
いない
体育センター
セブン-イレブン
市役所通り
武道館
野球場
新陽町
ローソン
ティーラウンジ ダイアナ
P074
駄経寺町
新宮神社
米田町
庭球場
明治製作所
葵町
湊町
0
200m

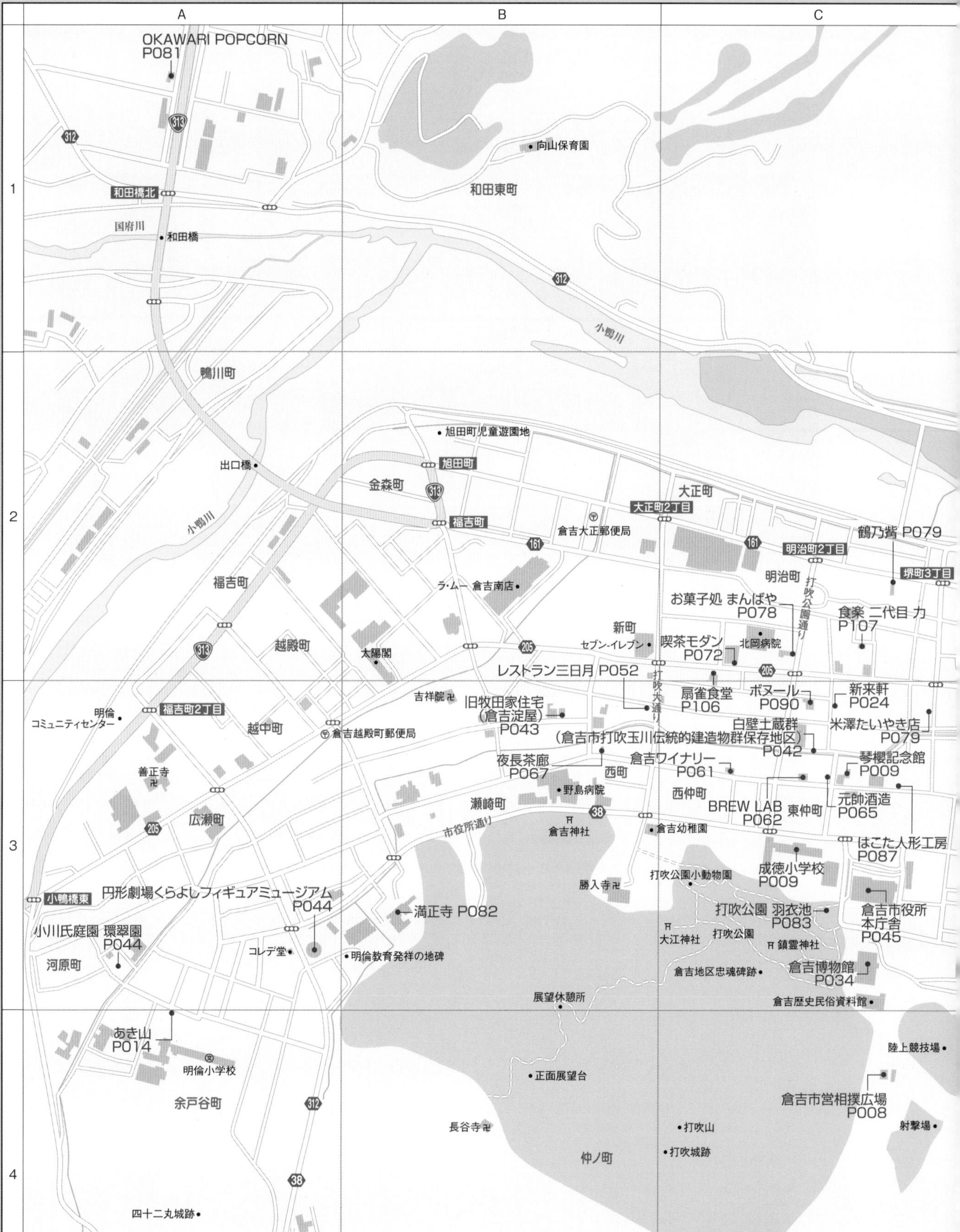
A
B
C
1
2
3
4
OKAWARI POPCORN
P081
313
312
向山保育園
和田東町
和田橋北
国府川
和田橋
312
小鴨川
鴨川町
旭田町児童遊園地
出口橋
旭田町
金森町
313
大正町
福吉町
大正町2丁目
倉吉大正郵便局
小鴨川
161
161
明治町2丁目
鶴乃觜 P079
堺町3丁目
明治町
福吉町
ラ・ムー 倉吉南店
お菓子処 まんばや
P078
打吹公園通り
食楽 二代目 力
P107
新町
喫茶モダン
P072
北岡病院
セブン-イレブン
越殿町
313
205
太陽閣
レストラン三日月 P052
205
打吹大通り
扇雀食堂
P106
ボヌール
P090
新来軒
P024
吉祥院
旧牧田家住宅
（倉吉淀屋）
P043
白壁土蔵群
（倉吉市打吹玉川伝統的建造物群保存地区）
P042
米澤たいやき店
P079
明倫
コミュニティセンター
福吉町2丁目
越中町
倉吉越殿町郵便局
夜長茶廊
P067
西町
倉吉ワイナリー
P061
琴櫻記念館
P009
善正寺
野島病院
西仲町
元帥酒造
P065
瀬崎町
BREW LAB
P062
東仲町
広瀬町
205
38
倉吉神社
市役所通り
倉吉幼稚園
はこた人形工房
P087
成徳小学校
P009
勝入寺
打吹公園小動物園
小鴨橋東
円形劇場くらよしフィギュアミュージアム
P044
満正寺 P082
打吹公園 羽衣池
P083
倉吉市役所
本庁舎
P045
小川氏庭園 環翠園
P044
大江神社
打吹公園
鎮霊神社
河原町
コレデ堂
明倫教育発祥の地碑
倉吉博物館
P034
倉吉地区忠魂碑跡
展望休憩所
倉吉歴史民俗資料館
あき山
P014
陸上競技場
明倫小学校
正面展望台
倉吉市営相撲広場
P008
余戸谷町
312
長谷寺
打吹山
射撃場
打吹城跡
仲ノ町
38
四十二丸城跡
峠の展望台
倉吉八幡宮
学仙寺
A
B
C

我が街の暮らしを
3倍楽しめる本
倉吉本
Kurayoshi Complete Guide

この景色は、世界でここにしかない。
だから、どうしても愛おしく思えてくる。

EDITOR'S VOICE

笹木靖司
制作中、"倉吉をもっと魅力的な街にしていきたい"という想いをもつ人たちに出会うことができました。この本には、そんな情熱も詰め込んだつもりです。倉吉を古里だと感じているすべての方が読んでくださり、改めて愛してもらえたら幸せです。

高橋さくら
地元のものを使って創意工夫された美味しい居酒屋、ママさんたちの会話力が光るディープなスナック。私の地方取材の楽しみは、気になったお店に飲みに行くことですが、今回も存分に満喫させてもらいました。素敵なお店や人との出会いに感謝！

弥富文次
松風荘旅館に泊まり、自転車をお借りして美しい街並みを走っていたとき、歴史の息づかいを近くに感じて一人でニコニコしていました。担当した歴史ページ、すごく楽しかった！ 山岳ガイドの久保さん、煩悩にまみれたらまた修行に行きますね。

延本美里
撮影用に用意した、たくさんの倉吉みやげ。どれもクオリティが高く、一時期マイブームに。編集作業のお供にもぐもぐ。朝ごはん代わりにもぐもぐ。さらにデザートとしてもぐもぐ。気づけば体重が増えていました。どうしてくれるのですか？ 笑

STAFF

Editor in Chief
笹木靖司　Yasushi Sasaki

Editor
島貫朗生　Akio Shimanuki
佐藤由実　Yumi Sato
高橋さくら　Sakura Takahashi
弥富文次　Bunji Yatomi
延本美里　Miri Nobemoto

Art Director
大村裕文　Hirofumi Omura
ROOST Inc.

Designer
村上圭以子　Keiko Murakami
ROOST Inc.

DTP
角田篤則　Atsunori Tsunoda
大森弘二　Koji Omori
ROOST Inc.

Advertising Section
森岡淳平　Junpei Morioka

Sals Division
三浦淳　Atsushi Miura

Special Thanks
小田急電鉄株式会社　Odakyu Electric Railway Co., Ltd.
倉吉市　Kurayoshi City

Publisher
渡邊真人　Masahito Watanabe

発行
株式会社 EDITORS
〒158-0096
東京都世田谷区玉川台
2-17-16 2F
☎ 03-6447-9441（編集・広告）

発売
株式会社二見書房
〒101-8405
東京都千代田区
神田三崎町 2-18-11
☎ 03-3515-2311（営業）

2023年11月30日　第一刷発行

発行人　渡邊真人
編集人　笹木靖司

印刷・製本　株式会社堀内印刷所
Printed in Japan